私を支えてくれた大切な仲間たち

送別会で住民が用意した苗木を植樹する筆者。大地にしっかりと根を広げ、大木となる日を夢みて。

ジョセフ（右）、サミュエル（左）と一緒にメルー国立公園の中にあるリゾートホテルに協力を求めて交渉しに行った際、ホテルの敷地で撮った一枚。

教会で野生動物のビデオを見る大勢の児童たち。

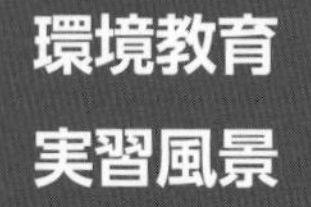

メルー国立公園でアウトリーチプログラム。
サンビロ(Thambiro)の小学校では500人ほどの児童が集まった。

自作の「ティーチャーズ・ガイド」による地域の学校への普及啓発。

手作りのボールで遊ぶ子どもたち。

手作りのサッカーボールで
人づくり、国づくり

協力隊員が企画した“ハートにシュート‼”

エコミュージアムによる地域づくり

ボラナ族の結婚式で集落を練り歩く新郎側の親族の女性たち。結婚式の進め方には独特の文化的風習が今も残る。

KWS主催の植林イベントで伝統ダンスを披露する地元のグループ青年メンバー。

野生生物との共生を目指して

ケニアの陽光

ポストコロナの海外ボランティア

中川宏治 著

Sunday Times | March 7, 2010

News Feature

CHARITABLE WORKS

Sharing the dream of Meru N. Park with conservationist Koji Nakagawa

BY FRANCIS MARANGU

Koji Nakagawa(right) with KWS director Julius Kipng'etich(left) during a recent function at the Meru National Park.

日刊紙 Sunday Times（2010 年 3 月 7 日）に掲載された活動の紹介記事。

子どもの未来社

まえがき

今、時代が変わりつつあることを感じます。二〇二〇年一月、中国の武漢で新型コロナウイルスによる初の死者が発表されました。その後、同ウイルスが全世界で流行し、七六カ国で活動していた二〇四四人の隊員全員が、同年四月末までに帰国しました。同ウイルスによる死者は世界各地で増え続け、二〇二一年一月現在、その数は一九〇万人を超えています。感染拡大が止まらないなか、希望を捨てずに派遣再開を待つ隊員、派遣を断念せざるを得なかった隊員、これからの挑戦を諦めてしまった方々が多くいらっしゃると思います。

なぜ、コロナ禍の今、この本を出す必要があるのか。その理由は、必ず来る、ポストコロナの時代にも国際協力活動の重要性は変わらず、その価値はむしろ高まっていくと考えたからです。この本の中では、国際協力機構（ＪＩＣＡ）や国際連合、ＮＧＯが進める、海外ボランティアによる支援活動のことを国際協力活動と呼ぶことにします。例えば、今後、ＡＩの活用やロボットの開発などにより、デジタルシフトが進んでいく半面、デジタル化できないものの価値が見直されると予想されています。また、テレワークに代表されるようにリモート化、オンライン化が進んでいくと、人と会うこと自体が少なくなっていきます。そのような社会では、途上国で長期間生活し、現地の人々と直接交流し、生活や文化に触れる海外ボランティアの体験はますます重要になるでしょう。私は、特に、ポストコロナの時代に社会の主役となる、高校生や大学生を含めた若い世代の方々に私のケニアでの体験を知っていただき、これからの海外ボランティアの必要性や役割、国際協力活動の進め方などについて考えていただきたいと思ったのです。

　ここで、この本を読んでいただく上で重要な言葉について少しだけ触れさせていただきます。その言葉は「環境教育」と「環境保全」です。

『環境教育指導事典』（国土社）によると、環境教育の原語であるEnvironmental Educationという用語は、一九四八年の国際自然保護連合（ＩＵＣＮ）の設立総会で、トマス・プリチャードによって最初に用いられました。環境教育の目的については、ベオグラード憲章で「環境やそれにかかわる諸問題に気づき、関心を持つとともに、現在の問題の解決と新しい問題の未然防止に向けて、個人的、集団的に活動する上で必要な知識、技能、態度、意欲、実行力を身に付けた人々を世界中で育成すること」と書かれています。

また、同書によれば、「保護」は「人が手を加えることの禁止の意味合いを含むことが多い」のに対し、「保全」は「自然に人間の手を加えるものの、全体的な調和の維持や回復まで含めることが多い」と説明されています。

私はケニアでの活動を通して、今の時代に合った、自然と人々の共生のあり方を追求していきたいと考えていました。また、未来を担う子どもたちに加え、地域住民全体の意識や考え方が自然環境と調和したものに変化することを期待していました。そのため、私の活動は、環境保全に向けた教育であり、地域づくりであったといえます。

さて、滞在中は、配属先で環境教育の活動に取り組み、頻繁に近隣の小学校や集落を訪問し、多くの児童・生徒、地元住民と交流しました。そして、私が目指す活動は、環境教育から地域づくりを通した普及啓発へと発展していきました。普及対象のケニア人たちは、農業従事者やその家族が圧倒的多数であり、豊かな自然環境の中で生活しています。そのため、自然体験は日本と比べて豊富です。しかし、テレビや新聞などのメディアからの情報が少なく、教育環境も不十分であるため、動植物や生態系に関する知識は著しく乏しい印象を受けました。

そのため、日本の環境教育や地域づくりの常識は通用しないことも多く、日本で一般的な手法をそのまま導入することは問題がありました。つまり、ケニアの社会情勢やライフスタイルを踏まえ、人々の生活の現状に合った手法を現地で創り出していく必要があったのです。そのような状況で、任地の活動に奮闘するなかで、日本では想像もできないような体験をさせていただきました。そのため、写真や動画を保存するための外付けハードディスクはどんどん増え続けました。

ケニア滞在中、ほぼ毎日書き続けた日記を読み返してみると、私のケニアでの滞在は、「環境教育」という一言では語りつくせないことが分かってきました。また、青年海外協力隊の隊員や配属先であるメルー国立公園教育部局のスタッフという肩書だけでは過ごした日々を振り返ることはできません。一人の人間として、常に自分自身への問いかけを繰り返し、さまざまな人々の支えや関わりを通して、そして、自分で答えを考えぬき、自分らしく生きた特別な二年間であった、と思います。

一〇年前と少し古い体験かもしれません。だからこそ、ケニアでたった一人でスタートした地域づくりの活動を二年間の任期でロジカルに展開していくための方法を中心に、時間が経過しても変わらない普遍的な価値を念頭にまとめました。

また、ケニアでの滞在中には、環境教育や地域づくりの活動だけを行っていたわけではなく、日常生活や旅行などさまざまな体験もしました。その体験は第五章にファイリングしましたので楽しんで読んでいただけると嬉しいです。

なお、本書では登場人物の一部で仮名を用いています。また、文中での敬称はすべて省略させていただきました。最後に、この本の中で書いた意見は私個人のものであり、所属する組織を代表するものではないことを申し添えます。

中川　宏治

目次

プロローグ

国際協力活動へ——挑戦の始まり

プロローグ

国際協力活動へ――挑戦の始まり

自分らしく目的地へたどり着く

二〇一〇年五月のある日、私は、ケニアの首都ナイロビで開かれた市民マラソンに青年海外協力隊の仲間たちと出場しました。この市民マラソンは日本のK出版社が主催しており、シドニーオリンピックの金メダリストのマラソン選手・高橋尚子さんが招待されていました。

同社は二〇〇九年、「スマイル アフリカ プロジェクト」を始めました。これは、「子どもたちに笑顔のシューズを贈ろう」を合言葉に、日本の子どもたちのサイズが合わなくなったシューズを回収し、裸足や裸足に近い状態での生活を余儀なくされている途上国の子どもたちにシューズを寄贈するプロジェクトです。その先頭に立っているのが、高橋さんでした。私たちが参加した市民マラソンも、このプロジェクトの一環で実施されていました。

マラソンに参加したのは、任期終了まで残り一か月余りの時期でした。ケニアの人々の底知れぬ体力を実感してきた私にとっては、一般市民のランナーにも太刀打ちできないのではないかと不安を感じながらの決断でした。

しかし、そんな不安は杞憂でした。実際に走りだしてみると、ケニア人のランナーと肩を並べて楽しく走ることができたのです。会話を交わしたり、挨拶をしながら走り続けていると、このマラソンの光景が、これまでの活動の思い出と重なってゆきました。私の活動も、野生生物との「共生」という共通の目標に向けて、地域の人々と一緒に前進していく時間だったのです。

このマラソンへの参加は、高橋さんの「自分らしく未来への種を播く」取り組みを知るきっかけとなりました。環境問題に関わってきた私は、ケニア人のノーベル平和賞受賞者であるワンガリ・マータイ氏の植林活動はよく知っていましたが、同じ日本人が他の分野でマータイ氏と同じような地道な活動を続けていたのです。私は任地メルーでの活動を振り返り、自分らしく活動できたのか、どれだけの種を播くことができたのかと考えてみました。

一体、国際協力の分野で、私たちには何ができるのでしょうか。国際協力の活動では、マラソンのようにゴールまでの道筋が予め決められているわけではありません。むしろ、ひとたび活動が始まると、目的の達成までに数えきれない道があり、迷いそうになる場合も少くありません。それでも、私たちは、自分らしく目的地までたどり着かなくてはならないのです。

本書は、私が青年海外協力隊の隊員としてケニアで活動し、野生生物との共存に向けた地域づくりに奮闘し、自分らしく目的地までたどりつくまでの記録です。

私が協力隊参加にかけた思い

青年海外協力隊は、今ではとても有名な事業になりました。青年海外協力隊の制度や歴史については、『青年海外協力隊の軌跡と展望』(杉下恒夫著)で詳しく紹介されています。青年海外協力隊の概略は次のとおりです。

まず、青年海外協力隊事業の目的は、「開発途上地域の住民を対象として当該開発途上地域の経済及び社会の発展又は復興に協力することを目的とする国民等の協力活動を促進し、及び助長する」［独立行政法人国際協力機構法第13条（3）］というものです。一九六五年に三十一名の隊員を五ヶ国に派遣することから始まった青年海外協力隊派遣事業は、二〇一九年六月現在の派遣総数では四万四九一三人、派遣国も九二ヶ国に広がりました。

青年海外協力隊の参加者は、何を目指して、どのようなきっかけで国際協力に挑戦することを決めたのでしょうか。ボランティアとは、特別なものではなく、自分でできる範囲のことを、身近なところからでも地道に人知れず実行することだと思います。仕事や日常生活の中でちょっとした気配りや意識を高めることによりできることは多いです。そのため、単純にボランティア活動に取り組むという理由だけで、協力隊に参加する人は少ないのではないかと思います。さらに、私が実際に参加して思ったことは、青年海外協力隊に参加する動機は、それぞれ異なるということです。私の場合、次のような動機がありました。

まず、私自身が志す、自然環境保全の分野の視野を広げたいと考えたからです。地方自治体に林業職で採用され、森林・林業の行政事務に関わってきた私にとって、得意分野の「森林保全・林業、林産加工、植林」といった職種ではなく、環境教育での応募は、いささか困難な道だったかもしれません。ただ、これからずっと自然環境の保全に向き合っていきたいという私のライフプランのなかで、開発途上国で環境教育に専念できる二年間はとても貴重です。そのように考え、私は環境教育を選択しました。

次に、日本以外の国のリアルな自然環境を知りたかったということです。「知る」とは、書籍や論文の活字を通した情報収集活動ではありません。それは、経験に裏打ちされた生きた学問であり、そこで得た知見や経験が世界のあらゆる立場の人々に対して希望となり得る学問です。そのため、長期間、その地に滞在することが不可欠であると考えました。

ところで、自然体験といえば、私の場合、幼少時代の遊びが多かったように思います。というのも、父が、登山やキリギリス採り、クワガタ採りなどに私をよく連れて行ってくれたからです。そして、山頂からの景色に心底感動している父の姿から、自然の奥深い魅力を私なりに感じ取っていたように思います。そのような体験は時々の壮大な景色とともに思い返すことができます。幼少期の経験は、その後の自然との関わり方に少なからず影響しています。

その後も日本で研究や仕事で山に行くと、いつも何とも言えない安心感を覚えました。そして、日本以外の自然も実感として知りたいという私の願いは、協力隊参加というかたちで実現したものです。

また、日本での経験を海外で生かすという視点からも協力隊は魅力的でした。古代ギリシアの医学の祖、ヒポクラテスは「医師は専門的な知識を持つだけではなく、病者のひとりひとりの環境とその病気によって負わされる社会的な重荷についても静かに考えをめぐらし、深い関心を払わねばならない」と述べています。

私にとっては、病気は環境問題であり、患者は環境問題で苦しむ住民です。そのように捉えると、医学と私の環境教育の取り組みは重なってみえます。ヒポクラテスはまた、「下医は病気を治す、中医は人間を治す、上医は社会を治す」という言葉も残しています。私は、協力隊として国外の現場で活動し、環境問題そのものに加え、同じ問題を抱える社会を〝治す〟手助けをしたいと考えました。

そもそも私は「外国」に興味を持っていました。例えば、小学生の頃、青少年を対象とした船でグアムを訪問する研修旅行のチラシを見た私は親に参加したいと相談したことがありました。そのチラシをよく読むと研修の対象者が中学生以上だったのですが、幼い頃から外国に行ってみたいという意欲はあったと思います。ただ、その後、中学、高校と部活動に熱中していたこともあり、チャンスにはなかなか巡り合いませんでした。また、大学時代に林学の研究室で生態学の研究を行っていましたが、アフリカやアジアで研究をしている教員や学生が身近にいる環境のなかでも、当時は海外で研究する機会を積極的につかもうとしていませんでした。しかし、私の考えは、一人の友達の死によって変わりました。彼は大学入学前、一年間の浪人生活をともに過ごした友達の一人で医学部の学生でした。彼は、アフリカで医師として活動するという夢を語っていましたが、学生時代、不慮の事故で叶いませんでした。

この出来事がきっかけで私は、「何とかして早く外国で活躍したい」「もう先送りはいやだ」と強く思いました。そのため、就職活動の際には、国際的に環境問題に関わりたい、と考えていましたが、思うような結果が出せませんでした。

大学院を修了した私は、しばらくは地方自治体に勤め、地方の森林・林業政策の実務に専念していました。その間、行政の立場で森林と関わる日々を送るなかでも、国際協力に対する思いは変わることがありませんでした。そして、地方自治体に働きながら青年海外協力隊に参加することができる現職参加の制度があったこともあり、海外ボランティアへの挑戦の扉を開くことができたのです。

第一章

私の活動フィールド ―メルー国立公園

1. それぞれの新たなステージの始まり

私は、同期の隊員一三名と一緒に二〇〇八年六月二五日、ケニアに到着しました。任地は、ボイ、ナイロビ、モンバサ、カベテ、オザヤ、マチャコス、ティカ、ニエリ、ガトゥンドゥなど国中に点在しています。ケニアでの最初のスタートラインを私は彼らと一緒に踏みました。

この日、アラブ首長国連邦のドバイに向かう、エミレーツ航空の飛行機の中で目覚めました。この飛行機にはケニアとタンザニアの隊員が三〇名以上乗っています。ドバイ空港に降り立ったのはまだ日がのぼらない未明で午前四時頃でした。

私たちケニア隊員が44番ゲートから出発する際、ここまで一緒に移動してきたタンザニア隊員はゲートに見送りにきてくれました。私は、二本松の訓練所で同じ生活班だった二人と一緒に写真を撮りました。そして、世界中の空港で隊員はそれぞれの任地に分かれていくんだと思いました。

ナイロビのジョモ・ケニヤッタ国際空港の出口では、JICAケニア事務所の青年海外協力隊担当であるボランティア調整員のAさんが一人で待っていてくれました。全員が集合し、バスに乗った時、いよいよ大海原の航海が始まったと実感しました。当時はJICAの規定にあるように「二年間帰国不可能」という意識が強かったので、旅行のようなワクワク感はあまりなく、どちらかというと緊張感が強かったのです。

私たちはナイロビにある隊員待機所（通称ドミトリー）に向かいました。途中で、高い並木の上で見たこともない大きい鳥が休んでいる姿が印象的でした。この鳥は、アフリカハゲコウと呼ばれ、一応コウノトリの仲間ですが、喉に呼吸のための空気袋（気嚢）が付いており、腐肉を食べることに適応した結果と考えられる禿げた頭部が特徴的です。また、路肩には比較的大きめの石が大量に散在しており、横着だと感じましたが、理由があってそうしているのかもしれません。前回の大統領選挙の暴動の際には、住民が石でバリケードをつくり、道を封鎖したと聞いていたので、それと関係しているのかもしれないと一瞬思いましたが、石は道と水平に整然と並べられていたのですぐに考え直しました。その後、大渋滞にあって、運が悪いと思って外の風景を見ていると、いくつかのサッカーボールを持った物売りが近づいてきたり、キャベツを包丁で切り刻みながら歩き、切れ味をアピールして包丁を売ろうと頑張っている男性もいました。仕事の少ない途上国では一般的な風景でしょう。出国前の協力隊候補生対象の研修で、ごみ収集の制度の不備のおかげで仕事にありつけるスカベンジャー（ごみを拾い集めて生活する人）がいることを知りましたが、これも非効率的な途上国のシステムが生み出す雇用の典型例の一つだと思います。ナイロビの中心部に向かう幹線道路は車だけではなく、未舗装の歩道を歩く歩行者の姿が目立ちました。あまりにも大勢の人々がとてつもなく長い列をつくって歩いていましたので、「なんで歩いているのだろう」と素朴な疑問を抱きました。時間的には、仕事が終了して自宅に向かって歩いている人たちでしょうが、おそらく、路地などの裏道が少ないため、この幹線道路に集中することが一つの理由です。それと、渋滞に巻き込まれた私たちのバスは、歩いている人たちに何回も抜かれましたが、歩く方がバスやマタツ（乗り合いタクシー）で移動するより早く、効率的であることを知っているためであろうと後になって思いつきました。

ドミトリーの周囲は電気柵で囲まれており、出入り口には警備員がいました。ドミトリーでは、既にケニアで活動している先輩隊員たちが歓迎してくれました。先輩隊員と言っても、年下も多いし、それまでの職歴もさまざまです。「先輩隊員」という呼び方は協力隊員の中ではよく使われていました。ドミトリー委員会の委員である先輩隊員からドミトリーについて説明を受けた後、同期の部屋割を適当に決めました。私はF隊員と同じく敷地の角にある離れに住むことになりました。

一八時三〇分からタクシーに乗り、ナイロビにある数少ない日本料理店「日本人倶楽部」に食事に行きました。キリマニ地区にある店で、ナイロビの日本料理店で唯一日本人が経営する店であるということです。どうして、ケニアに来た初日に日本料理を食わないといけないんだ、と素朴な疑問を感じつつ、焼き鳥丼とビールを二杯注文しました。料理は慣れ親しんだ日本の味でした。ただ、この店の和服姿の黒人スタッフの姿が日本から遠く離れた場所に来てしまったことを実感させました。一方、先輩隊員たちは、そんな私の感情など気にも留めないで、美味しそうに料理を食べていました。その日はケニアで活動する全隊員の総会のために、ケニア各地から隊員が集まっていたのですが、ナイロビに戻ってくると多くの隊員が日本食を食べたくなるようです。同期はみなかなり疲れていたようで、私も含めて食事中も睡魔と闘っている隊員がほとんどでした。二二時過ぎにドミトリーに戻ると、私はシャワーも浴びずに寝ました。

2. ケニアってどんな国

(1) 印象深い光景

二〇〇九年一一月上旬のある日、約二週間ぶりにメルー国立公園に戻ってきました。公園への帰り道、マウアの町から公園へ一気に下り降りる坂道から見える周辺の景色は一変しており、一面がみずみずしい緑に覆われていました。待望の雨が降り、無数の植物が芽生えたのです。公園周辺では、三月から四月にかけて少雨期にもほとんど雨が降らず、その後の干ばつの結果、農作物のみならず、野生生物や家畜への被害も深刻でした。これまでの乾期が長すぎたためか、雨が運んできた緑が一段と輝いて見え、草を食む動物たちの表情までもが生き生きとしているように思えました。

ケニアと言えば、野生動物の宝庫として有名ですが、このような季節の変わり目の美しさを知らない方々も多いのではないでしょうか。この光景は、私がケニアで過ごした二年間を振り返ると、最も美しく印象深いものでした。

(2) 第二の故郷、ケニア

みなさんは、「ケニア」と聞いて、どんな国を想像するでしょうか。「箱根駅伝やマラソンの大会で活躍する黒人ランナー」「暑い国」など、私の周囲の人々の答えはこのようにパターン化しています。

さらに、治安が悪いというイメージを持つ日本人も少なくないようです。実は、私も出国前、ケニアの治安に特別な不安を感じていました。というのも、ケニアでは二〇〇七年一二月の大統領選挙の直後から、当選したキバキ氏のキクユ族と対抗馬だったオディンガ氏のルオ族の間で暴動が発生し、多数の死者が出たのです。私の出国予定は二〇〇八年の六月で、その暴動の影響が危惧されました。それでもケニアでの生活は大丈夫だという理屈でない強い気持ちもあり、私のケニアでの国際協力に対する意志はゆらぎませんでした。

ところで、私はケニアの派遣が決まってから、急いで読み返した本があります。山崎豊子の代表作の一つ『沈まぬ太陽』です。主人公の恩地元が航空会社の報復人事により、パキスタン（カラチ）、イラン（テヘラン）の次に左遷された場所としてケニア（ナイロビ）が登場します。恩地は、ケニアで、ゲームハンティングに明け暮れました。ちなみに、ゲームハンティングとは、国立公園で野生のゾウやバッファローをライフル銃で撃つという当時の娯楽です。

本書のアフリカ篇のなかでは、私が現地で見た景色が脳裏に浮かんでくるような文章がいくつもあります。例えば、『沈まぬ太陽㈠アフリカ篇・上』（新潮社）では次のような豊かで美しい描写がみられます。

「キリマンジャロ山の側峰が見えるあたりになると、草原の両側には、キリン、インパラ、シマウマなどの野生動物が草を食み、ところどころに、枝を大きく広げたアフリカ・アカシアに、ハタオリ鳥やムク鳥が群をなして、飛び交っている」

「陽が西に傾き、神の怒りにふれて逆立ちさせられたという伝説のあるバオバブの樹が、巨大な灰色のシルエットを見せはじめた頃、ブッシュが途切れた草地に、赤い土煙がたっている」

また、ナイロビの動物孤児院で働き、一か月の半分をマサイ族の家畜の診療にあてているという若い獣医のモデルの方は現在でもケニアで獣医をしておられます。さらに、ケニア到着後、最初の二か月間スワヒリ語を学んだＪＡＣＩＩは、本の中でも「ナイロビのスワヒリ語学校」として登場しています。このように、筆者の綿密な取材により、ケニアのリアルな状況が描かれており、とても面白い小説ですが、ここで描かれているように、ケニアは大型哺乳類を中心とした野生動物が豊富です。ここでは少し古いデータですが、私がケニアで活動していた当時の状況に触れておきます。

ケニアの野生生物の保全の取組に対して世界中の援助機関から年間五千万ド

ル（＝約五九億円）以上の支援があります（一九九四年当時）。観光収益は、年間一二四〇億ケニアシリング（＝一二七六億円）（二〇一一年）にのぼり、世界中から約一〇〇万人の観光客が訪れています（二〇一一年当時）。しかし、肝心の観光の目玉である野生動物の個体数の減少が問題となっており、ケニアのＧＤＰのおよそ四・五％を占める観光産業の振興に負の影響を及ぼしています。このことは、観光産業が全産業の雇用の九・九％（六四万三〇〇〇人）を生み出していることも勘案すると、国立公園およびその周辺地域の経済に限らず、ケニア全体の社会経済に係る国民的課題であるといえるでしょう（二〇一一年当時）。なお、最新の情報は世界旅行ツーリズム協議会（ＷＴＴＣ）のウエブサイトでご確認ください。

当時のケニアのマスメディアについても少しだけ触れておきましょう。ケニアでは、多くの国民が利用可能なメディアの代表はラジオです。Kenya National Bureau of Statistics（ＫＮＢＳ）が二〇〇九年に調査したラジオを利用可能な人口は二六七三万人となり、国民全体の七六・六％を占めています。

ケニアのテレビ普及率に関する正確な情報は入手困難ですが、二〇一六年一月一九

ケニア滞在中の主な出来事

年	月	環境教育活動	青年海外協力隊の行事
2008年	4月		9日 平成20年度第1次隊入所式（2か月間の訓練）
	5月		～二本松訓練所（福島県）で派遣前訓練～
	6月	24日 ケニア到着 27日 ケニア最大のスラム・キベラ見学（ナイロビ）	
	7月	16日～17日 任地訪問（メルー国立公園） 20日 ナイロビ国立公園見学	
	8月	4日 任地のメルーに移動（着任） 16日 ムレラ村住民による歓迎会	
	9月	4日 ルーシーの長期休暇を知らされる 15日「Project Design Matrix」（PDM）の作成開始	
	10月	18日 環境教育分科会（マリンディ）	
	11月	5日 ルーシーがイタリアから帰国し、2か月振りの再会 22日 ムレラゲート前の職員住宅に引っ越し	
	12月	26日 ペニナとエコミュージアムに関する意見交換	
2009年	1月	23日 キナの住民団体のリーダー・マカと出会う	
	2月	3日 環境教育モデル校の第1回目のプログラム実施	
	3月	12日 ムレラ村住民アンケート調査を開始 ハダカデバネズミのテレビ取材	
	4月	18日 カカメガ森林保護区周辺で現地調査	
	5月	11日 リゾートホテルでエコミュージアムに関する意見交換 27日 キナエコミュージアム視察	
	6月	12日 隊員総会でエコミュージアムに関する発表 18日 ハダカデバネズミの置物をジョンに提案	
	7月	1日 マリンディの小学校に送る環境壁新聞の作成開始	
	8月	25日 中間報告会（ナイロビ） 31日 トゥワリブ、キメトが昇級訓練でマニャニへ	
	9月	18日 マリエネ高校で講義	
	10月	8日 メルー国立公園に侵入した家畜の追い出し作業 21日 KWS体育祭 28日 マニャニで口頭発表	
	11月	16日 日本から届いた壁新聞の翻訳作業開始	
	12月	29日 ケニア山登山	8日 ケニア副大統領の表敬訪問（ナイロビ）
2010年	1月	29日 エコミュージアムパンフレットをゲートに設置	
	2月	17日 ティーチャーズガイド完成	
	3月	14日 サミュエルとハダカデバネズミの壁掛けの打合せ	11日 皇太子徳仁親王（当時）接見（ナイロビ）
	4月	19日 ムレラ木工教室に対する支援獲得に向け銀行に営業	
	5月	21日「HAKEN」プログラム（ティカ）	
	6月	4日 テレビ会議を開催（ナイロビ） 15日 ムレラ村住民による送別会 22日 帰国	

日の Business Daily 誌によれば、ケニアのテレビ所有世帯は三五〇万世帯（七・七％）に過ぎないということです。集落の飲食店などにテレビが設置されている場合もあることから、ＫＮＢＳが二〇〇九年に調査したテレビを利用可能な人口に着目すると、国民の三五・二％がテレビにアクセス可能な状況となっています。

(2) ケニアの学制と教育の現状

二〇〇八年当時の教育システムは、初等教育八年、中等教育四年、高等教育四年の八—四—四制をとっていました。このうち、初等教育は日本の小学校から中学校の第二学年までに該当し、入学年齢は日本と同じ六歳です。また、一年から三年までは学級担任制をとっていますが、四年から八年は教科担任制になります。初等教育修了後、中等教育学校か技術訓練学校へ進学する道はありますが、いずれも初等教育修了試験に合格する必要があり、その成績によって入学できる学校が決まってきます。

なお、初等教育は二〇〇三年から、中等教育は二〇〇八年から無償化政策が実施されています。二〇〇八年当時、初等教育における純就学率は七九％でしたが、ナイロビの九一%からノースイースタン州の五三%まで幅があります。

(3) 身近な動物たち

ケニアと聞いて、ゾウやライオン、バッファローなどの大型野生動物を思い浮かべる人は多いでしょう。実際にこれらの動物たちは魅力的ですし、ケニアの外貨獲得の主な産業であるエコツーリズムの目玉は、これらの野生動物たちです。

しかし、私はと言えば、「フンコロガシ」や「カメレオン」といったどちらかといえば小さな動物に注目してケニアに向かいました。大学院で体長数ミリ程度しかない「トビムシ」という土に生息する昆虫を研究していたこともあり、比較的小さなサイズの動物に関心があったのです。ケニアでの私の活動は、野生生物と共生する地域づくりを目指したものでしたが、私が想定した野生生物にはゾウやライオンなどの大型哺乳類だけではなく、身近な昆虫や植物までもが含まれます。むしろ、このような小さな生命体を大切にする心をもった人々や地域社会をつくることが私が活動を通して目指した目標であったと思います。ここでは、日常生活で触れ合った動物たちをご紹介します。

まず、大好きな昆虫です(カバー写真参照)。ここでは身近に生息し、特異な形態や行動パターンを持つ種を紹介します。

サバンナ気候に位置するメルー国立公園では、雨期(一〇月から一一月および四月)に出現する種が多いことが特徴です。私の住んでいた家の周囲には、雨期にはホタルが飛び交っており、日本を懐かしく思う瞬間がありました。また、一〇月になるとセミの鳴き声を聞くことができましたが、雨期に向け季節が進むにつれ種類が多くなってくるように感じました。なお、ケニアでは現在、約五万種の昆虫が生息していると言われていますが、メルー国立公園の昆虫の種数については残念ながら正確なデータがありません。科学的な知見を蓄積させ、図鑑などとして普及していくことは、ここでの環境教育の課題の一つといえます。

ここでは特に印象深かった昆虫を取り上げます。それらは、左右の後翅が融合し、翅が退化して飛翔能力のない種(オサムシ科、ゴミムシダマシ科)、危険を察知すると刺激性の強い液体を噴射するもの(オサムシ科)、捕食者の学習効果の高い目立つ色彩（警告色）を持つ種（ヒメカマキリ科）、頭部を変形した胸部の空隙に格納し保護することができる種（ゴミムシダマシ科）に分けることができます。

オサムシ科の一種は、夜行性で、危険を察知すると、発射音を発しながら酸性の液体を噴出し、肌に触れると強い刺激を感じます。また、ゴミムシダマシ科の一種（*Phanerotomea* 属）は、蝶つがいのように、胸部に頭部がすっぽり収まるようになっています。この種は、草原や農地を徘徊しており、危険を感じると壊死行動を示すことも特徴の一つです。

乾燥地帯なのに意外ですが、湿地の草地ではカマキリ類は種数が比較的多いです。飛翔力のある種も多く、夜間灯りに多くの個体が飛来します。例えば、*Parasphendale* 属の一種は、警戒色と思われる美しい色彩を持ち、危険を感じると、黄と黒の縞模様のある前脚と短い翅を広げて威嚇します。また、*Sibildae* 科のカマキリは飛翔力があり外灯に集まります。本種の脚部や胸部には、平たい突起が付いており、頭部には二本の角状突起があります。

ツチハンミョウ科の一種 *Epicauta albovittata* の個体数は非常に多いです。本種の成虫は、トマトやポテトなど野菜類の葉を食害します。私が聞き取ったところ、地元の農民は、エンドウマメの花に集まる害虫として認識していました。成虫はカンタリジンという毒を体内に有し、家畜が飼料と一緒に食べると胃腸に炎症を引き起こします。

さて、甲虫の多くは、*Scarabaeidae* 科の糞虫（dung beetle）であり、それらの多くは夜行性です。ケニアには現在、二七四種の糞虫が生息しているとされています。*Heliocopris* 属の糞虫は小型のカブトムシほどの大きさであり、力強い羽音をたてながら家の外灯に飛来することもあります。ケニアでは一一種記載されていますが、私は種名までは同定できませんでした。メルーでは雨期の一〇月から一一月にかけて確認され、緑色の金属光沢を持つ優占種 *Kheper aegyptiorum* の出現時期よりも早い時期に繁殖します。

Kheper aegyptiorum は、通勤時、いつも出会うフンコロガシで、カメラで写真を撮ったり、糞の大きな塊に飛来して、小さな糞の玉を作り転がし、メスを待つ段階までをビデオカメラでじっくりと撮影することもありました。

身近な昆虫の中には、食用に利用されているシロアリもいます。ケニアでは、シロアリはスワヒリ語で「クンビクンビ」と呼ばれて親しまれています。部族によっては、樹木の樹皮に付着している、泥状の巣を食すことがあり、特にミネラル補給のため妊婦に人気があります。また、メルー族などは、シロアリを干して翅を取り去り塩漬けにして食べる習慣があります。私も食べたことがありますが、とても美味しかったです。

昆虫ではありませんが、同じ節足動物の中で最も私を悩ませたのが、「サソリ」です（カバー写真参照）。特に、一センチメートル程度の小さなサソリが、いつも家の床を這っていました。日本の家で見かける動物に例えるのは難しいですが、私の家ではアリやクモ、あるいはゴキブリの数よりも明らかに多かったのです。そのため、普段から気を付けていたことは、床に洗濯物を置かないことでした。何回かチクッと刺されましたが、アシナガバチに刺される程度の痛みはありました。小さなサソリなので、地味な痛みでしたが、看過できません。

また、夜になると、外の外灯に一〇センチメートルほどもある大型のサソリがやってきます。ロボットのような動きで、明かりに集まる小さな節足動物を目当てにやってくるのです。その他、いろいろな地域、場所で異なる種のサソリを目撃し、サソリの多様性を感じました。

爬虫類では、ヤモリ、トカゲ、ヘビなどが家の周辺に豊富に生息していました。ヘビは、目に入ると失明することがあるという猛毒を二メートル近く飛ばす毒吐きコブラ（Spitting Cobra）の迫力にはすさまじいものがありました。トカゲでは、家の壁にへばりついている、とてもカラフルな種がいつも気になっていました。ケニアのいろんな地域で家の壁についているトカゲを見かけましたが、私にはどれも同じ種に見えました。ある日、トカゲの種を調べてみると、レッドヘッドロックアガマ（Mwanza flat-headed rock agama）という種であることが分かりました。体表の色模様は美しく、体長が二〇センチメートル以上もあり、おまけに動作がとにかく早いので、極めて存在感がありました。

私が毎晩、心地よく聞いていた音。それは、ライオンやハイエナの遠吠えでした。私の自宅は、国立公園の中にありました。電力が供給されていましたが、毎週停電があり、特に雨が降った後はかなりの確率で停電していました。

電力会社ケニアパワーは、落雷や風倒木が原因であるとウェブサイトで説明しています。停電した時はランタンの薄明かりで読書を楽しむことに決めていましたが、そんな時に聞こえてくる、ウォ～、ウォ～という遠吠えは、不安とともに、異郷の地にいるそれ以上の心地よさをともに感じさせるものでした。玄関の外で森を見ながら夕食の肉料理を食べている時は、肉の匂いに引き寄せられて、ライオンやハイエナがやってこないかいつも不安になりました。近くで鳴き声が聞こえた次の日の朝、家の近くに白い糞を見つけた時は、家の周囲を徘徊する彼らの姿を想像したものです。

(4) バブーン（ヒヒ）

ある日、首都のナイロビから家に帰宅し、台所を見た瞬間、立ち尽くしてしまいました。

ものすごい、衝撃でした。尋常ではない程度にいろんなものが破壊されていたのです。台所の床、シンクの上には小麦粉の粉が撒き散らされ、皿やコップなどの食器類はことごとく床に散乱しており、割れている食器もありました。サーモ（保温機）も床に転がっており、中を見るとガラスが割れていました。直径五センチメートルほどの大きさの石が床に落ちていましたが、これは明らかに外部から入ってきたものです。なんで石が台所に転がっているのであろう、と不思議に思いましたが、今でも謎です。棚に置いてあった、砂糖、塩、カレー粉、トウガラシのスパイスの袋は、破れて中身が散乱していました。棚に残っていたものはサランラップだけで、スパゲッティーなども床に落ちていました。台所の奥のドアは開いており、そこには一〇キログラムはあるガスシリンダーがひっくり返っているのが見えました。裏口に近づいていくと、ドアの外側に私のサッカースパイクや地下足袋が転がっていました。

バブーンが侵入し、散らかったキッチン。見た瞬間、何もやる気がなくなってしまった。

なんでこんなことになった

のかすぐに分かりませんでした。玄関や窓のドアはすべて鍵がかけられ人が侵入することはできなかったことを確認しました。次に、動物の痕跡を探すと、小麦粉で真白になった床に、真冬の銀白の草原に残る動物の足跡のように、無数の小さな動物の足跡が残っており、犯人の察しがついてきました。侵入者はバブーンに違いありません。

洗面器の上には、以前ムレラ教育センターのハダカデバネズミの飼育箱の上に置かれたバブーンのものとよく似た糞が落ちており、侵入者がほぼ明確になりました。裏口のドアは格子状になっており、人は入れませんが、柔軟性のあるバブーンなら侵入できそうです。

さて、ある程度原因を追求してから、室内の復旧作業に入りました。砂糖の袋はずたずたに破かれ、意外にも中には砂糖がかなり残っていました。もちろん、気持ち悪かったので捨てました。さらに、小麦粉で真白の床から、食器類を取って小麦粉を払い落し、洗剤できれいに洗いました。冷蔵庫の上に置いてあった、マンゴーやキャベツはきれいになくなっていましたが、冷蔵庫の中のものはしっかりと残っていました。彼らにはそこまで知恵は働かなかったのでしょう。

キッチンに続き、居間も確認してみました。床には小麦粉の足跡が無数についており、コピー機の上や差し込まれた用紙の上にも薄茶色の足跡が付いていました。窓の横の壁には、四つのきれいな足跡が残っていました。台所ほど荒らされていなかったのですが、痕跡から、元気よく家の中を走り回っている彼らの姿が想像できました。

(5) ハダカデバネズミ

バブーンと同じ哺乳類で、私が最も愛した動物が「ハダカデバネズミ」です。私が働いていたムレラ教育センターでは、二〇頭ほどのハダカデバネズミを飼育していました。ハダカデバネズミは和名で、英名は"Naked mole rat"といいます。直訳すると、ハダカモグラネズミとなり、「デバ」がないだけ英名の方がマシな感じがします。

三月上旬、ある日の午後、研修でメルー国立公園に長期滞在している男子学生から電話があり「農民がネーキッドモールラットをつかまえてくれたがいるか?」と聞いてきました。それまで、飼育箱の中で、透明のプラスチックの筒の中を走り回っているデバネズミしか見たことがありませんでした。私は、野生の個体を一度見てみたい

ハダカデバネズミは「ピーピー、ピュウピュウ」と囁き合うように声を出す。体に触れて驚かせると「ブヒッ」という豚の鳴き声に似た音を出す。

と思っていたので持ってきてもらうことにしました。

その日は、とても暑い日でしたが、二人の学生はペットボトルを半分に切って、針金の持ち手を付けたかごを大事に抱えて持ってきてくれました。手づくりのかごの中には、二個体のデバネズミが心なしかぐったりとして横たわっていました。飼育している個体よりも、体が大きく、皺が多いように感じられました。昔、日本では「キモカワイイ」という言葉が流行った時期がありましたが、何となくその言葉が相応しいような容姿をしています。ある地元のおじいさんは、淡い色の皮膚が目立つせいか、その姿をムズング（白人）のようだと形容しました。こちらでは日本のように、一見醜いモノに救いの手を差し伸べるような言葉はないようです。私は、学生に感謝しつつ、二匹のデバネズミを家で飼育してみることにしました。

それまでデバネズミが比較的珍しい種だと思っていましたが、その後野外で注意して観察してみるとそうでもないことが分かってきました。近くの農道を歩いていると、茶色の細かい砂が堆積したマウントが散見され、その中央の穴から、彼らが砂を掃き出している光景を頻繁に目にしました。

さて、直径三〇センチメートル、高さ五〇センチメートルほどのバケツに半分程度の砂を入れて、その中で飼育することにしました。餌は、ジャガイモやニンジン、時にはキャベツを与えましたが、彼らはよく食べました。時々、餌を与えるのを忘れることがありましたが、彼らの体形がそれに敏感に反応して変化し、ゲッソリとやつれ、餌を与え始めるとすぐに元に戻りました。

最も困ったことは、彼らが砂を掘る音です。多くのネズミの仲間と同じように夜行性であるため彼らは朝まで地面を掘り続けていました。掘ったトンネルが崩れるとまた掘りはじめるため、バケツの中からずっと「カサカサカサ」という音が聞こえてきます。そのため、これはペットには適してないと、飼育してからやっと気がつきました。それでも、一匹が穴の奥に入り、砂を掘り出し、穴の入口付近にいる別の個体がそこに溜まった砂を外部に掃き出している姿はほほえましいものでした。

さて、このデバネズミ、とにかくよく鳴きます。お互いに体を寄せ合って、「ピーピー、ピュウピュウ」と囁き合うように声を出している時は、会話を楽しんでいるように見えました。その鳴き声はまるで小鳥のようでしたが、体に触れて驚かせると「ブヒッ」と豚のように鳴くこともあります。真社会性でコロニーの個体はすべて血縁関係にあるため、個体間のコミュニケーションが発達しており、一七種類もの鳴き声があるといいます。

ある日、家に帰ると、飼育しているバケツの蓋が少しだけ開いており、中を見ると一個体しかいませんでした。バケツから逃げ出したことは疑いようがありません。私は慌てて辺りを隈なく探しましたが、逃げた個体は結局見つかりませんでした。

バケツの中に残された個体は、それから急に鳴かなくなりました。仲間に出会った時に発するといわれる「ピュウ」という音声は発しないし、指で触ってみても、「ブヒッ」

という警戒音すら出しません。彼は周りに同じ血縁の家族がいなくなったことに気づき、鳴く理由がなくなってしまったのかもしれません。そればかりか、バケツの中の地面に穴を掘ることすらせずに、地表の片隅でじっとしていることが多くなりました。彼らは体の匂いで同じコロニーの個体を認識し、他のコロニーから来た個体に対しては攻撃を加え、時には噛み殺してしまうほど社会性が強いそうです。そのため、飼育している残された個体に対して少々憐みを感じましたが、農民に頼んで他のデバネズミを連れてくるわけにもいきませんでした。

このように、外見と同様にユニークな生態を持ったハダカデバネズミ。家の中で彼らを見ていると、日本から遠くの地にやってきたんだなと感慨深くなりました。

なお、デバネズミは、著名な日本人を連れてくるきっかけとなりました。眉毛の太いセーラー服を着た芸人が世界を回るという当時の人気番組で、私の任地、メルー国立公園のデバネズミたちが取り上げられたのです。実はこの実現には現役の環境教育隊員のAさんと元隊員が一役買ってくれました。Aさんの知人で、メルーで活動していた元隊員が勤務する番組制作会社の企画として採択されたのでした。

3. ケニア野生生物公社

ケニアの野生生物保全の管理運営に関して、政府は全業務をケニア野生生物公社（Kenya Wildlife Service ＝ ＫＷＳ）に委譲しています。ＫＷＳは、観光・野生生物省の野生生物保護管理局を母体として一九九〇年に発足した独立採算制の組織です。業務内容は、国レベルの野生生物保全計画を中心に、国内の主要観光地である二七の国立公園および三十四の国立保護区の一部の管理運営や野生生物の調査・モニタリングに加え、周辺地域における住民と野生生物の共生を目指した啓発活動や保全教育にも重点を置いて取り組んでいます。

ここで、ケニアの国立公園の歴史について少しだけ説明しておきます。一九〇〇年にロンドンで開催された植民地政府の会議で野生動物の保護に関する協定と保護区（game reserve）の設定が決められました。

アフリカにおける自然保護政策では一九世紀のロマン主義思想を背景とした「手つかずの自然」を守ることに加え、スポーツハンティングのための猟獣の確保を目的として、人間を排除し、野生生物を保全する区域として、国立公園（national parks）および保護区（protected areas）が設置されました。ケニアにおいては、独立後も、植民地主義的な「原生自然保護（Protectionism）」をモデルとし、住民を強制的に他所に移住させて国立公園の設置を行い、野生動物を保護してきました。なお、国立公園の所有権は政府が有し、管理運営はＫＷＳに移管していますが、国立保護区（national reserves）に関しては、県議会（County Council）が管理しています。

さて、ＫＷＳによる保全教育に話を戻しましょう。ケニア政府のＩ－ＰＲＳＰ（Interim Poverty Reduction Strategy Paper 2000）においても、生態系保全の重要性に関する国民への教育の必要性が認識されています。また、WILDLIFE POLICY においても、二〇〇八年の改正以降、保全教育および普及啓発の重要性に触れられています。

ＫＷＳの最も重要な事業の一つが地域社会での巡回指導（アウトリーチプログラ

ム）です。ナイロビ、ナクル、ツァボ東、メルーの四つの国立公園にそれぞれ教育センターが設立されたほか、複数の国立公園に一二のインフォメーションセンターが置かれています。これらの施設では教育プログラムを実施しているほか、学校等に宿泊サービスを提供しています。

ケニアの教育分野に対する援助は二国間援助ではわが国だけが行ってきました。そして、わが国によるケニアの野生生物保全の開発援助のうち、ＫＷＳに対する支援は最も重要な施策の一つです。わが国によるＫＷＳへの支援の歴史は古く、一九七八年から自動車整備関連の青年海外協力隊の隊員を派遣しており、一九九二年からは車両・建設機械の無償資金協力を開始しました。

教育分野では一九九二年から専門家および隊員を派遣しており、わが国の環境教育分野の支援の在り方が今後のケニアの野生生物の保全の推進に向けた重要な試金石といえます。特に専門家携行機材、単独供与機材としてＡＶ編集機材や教育目的専用バス、４ＷＤなどを提供しており、二〇〇五年から三年間の技術協力プロジェクト「野生生物保全教育強化」（Strengthening of Wildlife Conservation Education ＝

ＳＯＷＣＥ）を実施するなど、隊員と連携しながらＫＷＳの組織的な教育能力の向上を図ってきました。

(1) マニャニ・トレーニング・センター

マニャニ・トレーニング・センター（Manyani Field Training School）はＫＷＳの所管する国立公園／保護区においてＫＷＳ施設の運営維持管理や密猟パトロールを担う制服組職員を養成する準軍事訓練施設です。センターは、ツァボ西国立公園の近くにあるマニャニという町にあります。ＫＷＳの職員は、昇進する際に数か月間の訓練を受けることがあり、私の任期中も、同僚のトゥワリブやキメトーがセンターでの訓練のため派遣されていました。

私は、二〇〇九年一〇月二八日にセンターを訪れました。実は、以前より、ＫＷＳの青年海外協力隊の担当であるブグア氏に、「ＫＷＳ職員に日本の環境政策の紹介をしたい」と何回もお願いしていました。そして遂に、一〇月一九日にナイロビの彼のオフィスを訪れた際、今月の28日にマニャニでスーダンから来た学生に講義を行う

マニャニ・トレーニングセンターでの講義の様子。

ので、一緒に行かないか、とお誘いを受けました。私が「ぜひ」とお願いすると、彼はその場で、マニャニの担当者に電話し、KWSの職員を対象に私が1時間弱のプレゼンテーションを行うことの承諾を得てくれました。このように、絶好のチャンスをブグア氏からいただき、ちょうど、社団法人「協力隊を育てる会」のプログラム「視察の旅」でケニアに来ていた母親をナイロビに残して数時間の講義のためにマニャニにやって来たのです。

この時期、一二〇名ほどのレンジャーと、六〇名ほどのコプロが訓練を受けており、終了後はそれぞれコプロ、サージェントに昇級します。私が担当したクラスは、コプロからサージェントに昇級する職員のクラスで、三一名の職員に講義を行いました。発表内容は日本の獣害対策に限定し、一時間程度口頭で発表を行い、その後の質疑応答には三〇分も時間をいただきました。講義中に寝てしまっている職員もいましたが、せっかくいただいたチャンスだと思い、精一杯話し続けました。その結果、質疑応答では、「日本には、特定鳥獣に指定されている動物以外にどのような大型哺乳類が生息しているのか」「象牙の輸入を規制するための日本政府の取組について教えてほしい」「日本の国立公園に来る観光客は何を目的に訪問するのか」「国と地方行政の役割分担について教えてほしい」「日本は中央集権なのかどうか」「水稲獣害補償制度を利用できない貧困層に対する政府の対策はあるのか」「獣害被害の統計値を示してほしかった」といった質問や意見をもらい、一部の職員の関心の高さに満足感を覚えました。

(2) KWS所管の国立公園

私は活動の参考にするため、ナクル国立公園、トゥルカナ国立公園などを訪問しました。これらの国立公園のいくつかでは当時隊員が活動中であったり、過去に活動していました。そのため、隊員であることを伝えると、丁寧に対応してくれることが多く、公園内を案内してくれることもありました。私が滞在中、特に印象深かった国立公園の中から、ここでは二つだけご紹介します。

(3) ナイロビ国立公園

私が派遣されていた時期にナイロビ国立公園には、同じ隊次で職種が獣医の隊員、二〇〇六年度のシニアボランティアで職種が視聴覚教材の隊員の方がおられました。また、同公園には、ケニアの野生生物の保全、国立公園の歴史などの文献資料を豊富に所蔵する図書館がありました。このような理由で、私は頻繁に足を運びました。

ナイロビ国立公園は、首都ナイロビにあります。そのため、最初の二か月間、スワヒリ語の語学研修を受けている期間に隊員はよくこの公園を訪問します。特に、私のようなＫＷＳ所管の国立公園に派遣される環境教育隊員にとっては、二年間の活動の戦略を構想する上で、とても重要な情報収集の機会でした。

私の場合、語学訓練期間中の二〇〇八年七月二〇日、ナイロビ国立公園のサファリウォークおよびサファリツアーを体験しました。最初に入場料の一〇ドルを支払い、まずはサファリウォークに参加しました。日本にあるような動物園とシステムは一緒でしたが、客層は地元住民だけではなく、観光客（多くは欧米人）も目立ちました。地元住民と言っても、中流以上の裕福な階層であることは服装や髪形を見て想像することができました。野生生物は日本のように国外から移入したものではなく、国内に生息するカバやライオンなどの在来種ばかりでした。観客の表情などを見ていると日本とあまり変わらず、子どもは生き生きとしており、大人は幾分冷めた目で見ているように感じました。

サファリウォークが終わった後、公園内のレストラン「レンジャーズ」で食事をしました。しばらくすると、近くで踊っていたマサイ族のグループがレストランの中に入ってきました。何人かの店員がそれを見て面倒くさそうな顔をしていたことが印象的でした。慣習や伝統を大切にする保守的な民族と経済成長を最優先する民族の対立の図式は、その後も、私のケニアでの生活の中で見聞きし、考えさせられることが少なくありませんでした。

次に、四〇ドルで専用バスに乗り、サファリツアーに参加しました。一四時三〇分出発と聞いていましたが、バスが動き出したのは一五時を過ぎてからでした。隊員が二人、白人女性一人以外は全員黒人で、おそらく地元の富裕層のように見えました。キリン、ダチョウ、バッファロー、シマウマ、ライオンなど多くの野生動物を見ることができました。ライオンは獲物を捕らえた直後であり、メスとその子供たちが美味しそうに肉を貪り食う様子に、ケニアに来て間もない私はとても興奮しました。特に、国立公園からは首都の高層ビル群が眺望でき、首都にこのような豊かな生態系が残されているという現実を目の当たりにした経験は、ケニアの中でも僻地ともいえるメルー国立公園で活動する私にとって重要なものとなりました。途中、多くの4WD車とすれ違う際、それらの車には白人やインド系の人たちが乗っていましたが、このような光景は国内の他の国立公園では必ずしもありふれたものではありません。実際に、メルー国立公園では、いかにして外国人観光客に足を運んでもらうかが、野生動物の保全や地域経済の発展に向けた大きな課題でした。

さて、メルー国立公園で活動を始めてから、ムレラ村のカシシネ小学校の児童

サファリウォークを楽しむカシシネ小学校の児童たち。

を連れて訪問したこともありました。二〇一〇年六月三日の滋賀県の小学生との交際交流を目的としたTV会議が終わった後、ナイロビ国立公園を見学したのです。ナイロビ国立公園には一二時前に到着し、サファリウォーク、動物孤児院の順番で訪問しました。

なお、環境教育の活動とは直接関係ありませんが、私は、母を連れてナイロビ国立公園を訪れたことがあります。社団法人「協力隊を育てる会」が主催する「視察の旅」というツアープログラムに参加して、母は二〇〇九年一〇月二〇日から一週間の日程でケニアを訪れました。

以前ナイロビ国立公園で活動する獣医の隊員が、ナイロビ国立公園の施設内にあるＫＷＳの管轄する孤児院（Animal Orphanage）にチーターの幼獣がいるという情報を提供してくれたことを私は思い出しました。その隊員に連絡し、ちょうどギリギリ抱ける程度の大きさのチーターがいることを確認しました。そして、母を連れていくと、隊員に案内された檻の中にやや大きめのチーターがいました。ＫＷＳの職員がチーターを持ち上げ、母の腕に乗せてくれたのですが、チーターの手の爪が鋭く伸びており、母の身の危険を案じてしまったことは今では懐かしい思い出です。

(4) カカメガ森林保護区

ウガンダとの国境に近いケニア西部カカメガにカカメガ森林保護区（Kakamega Forest National Reserve）があります。私は、二〇〇九年四月一七日から四月二三日にかけて、カカメガ森林保護区周辺の地域起こしプロジェクトの視察を行いました（ケニア・ファイル参照）。二〇一〇年三月四日から三月五日にも立ち寄り、森林を観察しました。

カカメガ森林保護区は、ＫＷＳとKenya Forest Service（ＫＦＳ）が管轄しています。当時、カカメガの森では、生物多様性に関する調査プロジェクトが行われており、世界各国から研究者がやってきました。私が大学時代にお世話になった昆虫学者もよくやって来ると地元のケニア人から聞きました。

私はカカメガ森林保護区の大部分を所管するＫＷＳの教育部局の取り組みに関心がありました。ただ、訪問して分かったのですが、ＫＷＳは、カカメガ森林公園では教育部局を持たず、キープ（Kakamega Environmental Education Program ＝ＫＥＥＰ）に運営を委託していました。キープは、カカメガを拠点に子どもたちを対象とした環境教育に取り組むＮＧＯで、エコツーリズム、野蚕の飼育、森の植物を使った薬品の生産など、森林資源を利用した地域づくりにも取り組んでいます。特に、訪問初日に見学した、ポリネーション（花粉媒介）を調査する目的で設置された施設は森林資源が充実した当公園ならではのものであり、とても興味深かったです。私がメルーでの活動で着目してきた、植物や昆虫を活用した地域づくりの必要性についても再認識できました。

なお、カカメガ森林保護区の周辺は、当時は、地域おこしのプロジェクトが数多く展開されており、住民の活気を感じることができました。ケニアでは、住民団体は、Community Based Organization（CBO）とSelf Help Group（SHG）の二種類に大きく分けられます。これらは、日本でいう、NPOやNGOのような組織で、行政で登録する必要がある点も同じです。キープもNGOですが、ケニア国内ではCBOとして登録されていました。カカメガ地域では、多くのCBOやSHGが活動を展開しており、前述した視察ではこれらの取り組みを直接目にすることができました（第五章参照）。

4．メルー国立公園の概要

(1) 原生の自然環境を保持

メルー国立公園は、一九六六年に設立されたケニアで最も古い国立公園の一つです。

首都ナイロビから約三五〇キロメートルも離れたメルー北部県の東部に位置し、総面積は八七〇平方キロメートル、年間降水量は平均三八〇ミリメートルです。映画『野生のエルザ』の舞台として、またグレービーゼブラや多くの鳥類など豊かな野生動植物の生息地として有名な国立公園です。

メルー国立公園では、ムレラ教育センターが一九八〇年に設立され、環境教育を実施してきました。二〇〇五年に始まったSOECEプロジェクトでは、車両やパソコン、プロジェクターなどの機材が整備され、KWSが地域の普及啓発活動をけん引するための環境整備はハード面ではある程度達成されていました。当時、メルー北部県には初等学校が約三〇〇校あり、メルー国立公園は民間のSchad基金の支援（二五万カナダドル＝約二一四二万円）を受け、周辺校および集落を対象に二〇〇三年から巡回教育を実施していました。

メルー国立公園は、五県三州のタナ川沿いに集合する五つの自然保護地域の一つです。これらの自然保護地域は、本公園およびビサナディ国立保護区（BNR）、ムインギ国立保護区（MNR）、コラ国立公園（KNP）からなるメルー保護地域（MCA）

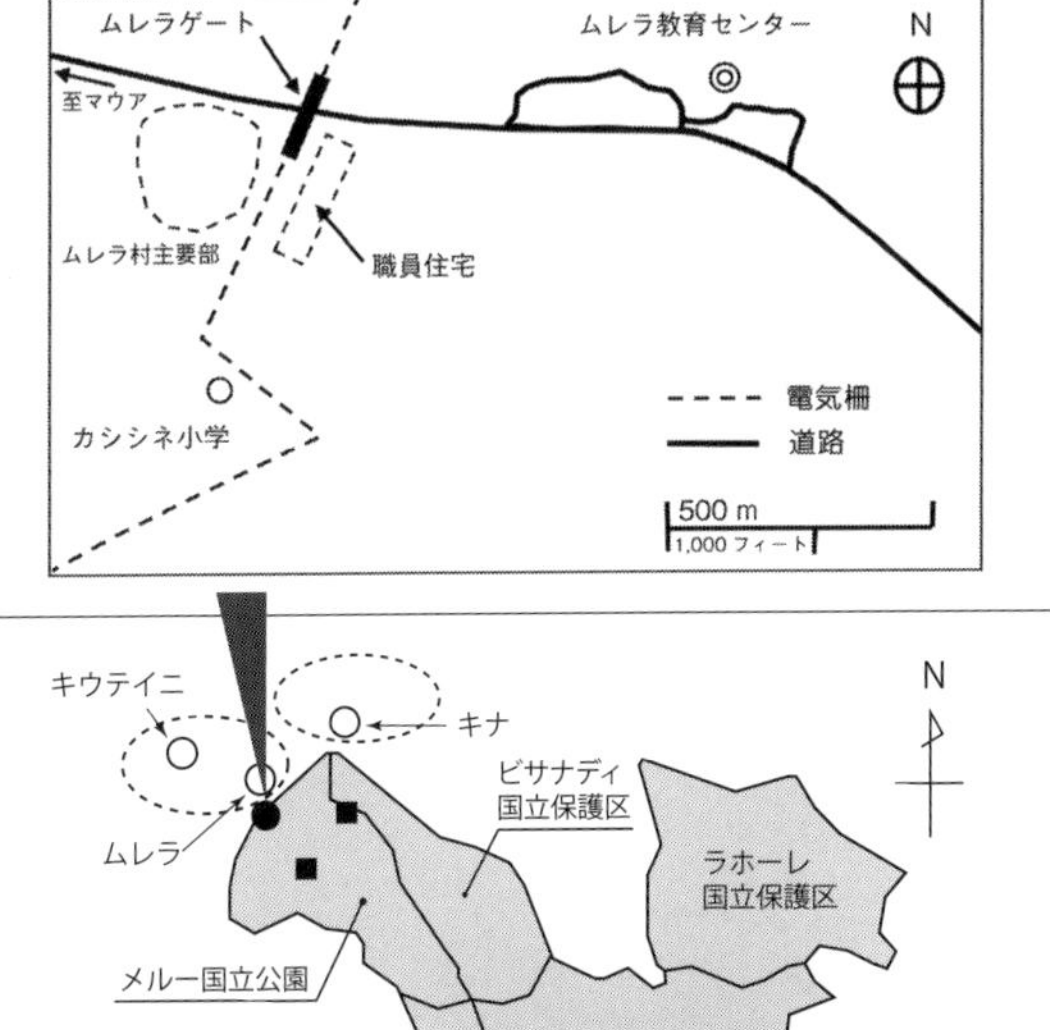
ムレラゲート
ムレラ教育センター
N
至マウア
ムレラ村主要部
職員住宅
カシシネ小学
電気柵
道路
500 m
1,000 フィート
キウテイニ
キナ
N
ピサナディ
国立保護区
ムレラ
ラホーレ
国立保護区
メルー国立公園
コラ国立公園
ムインギ国立保護区
高級リゾートホテル
エコミュージアム
20km
20 マイル
メルー国立公園周辺地域

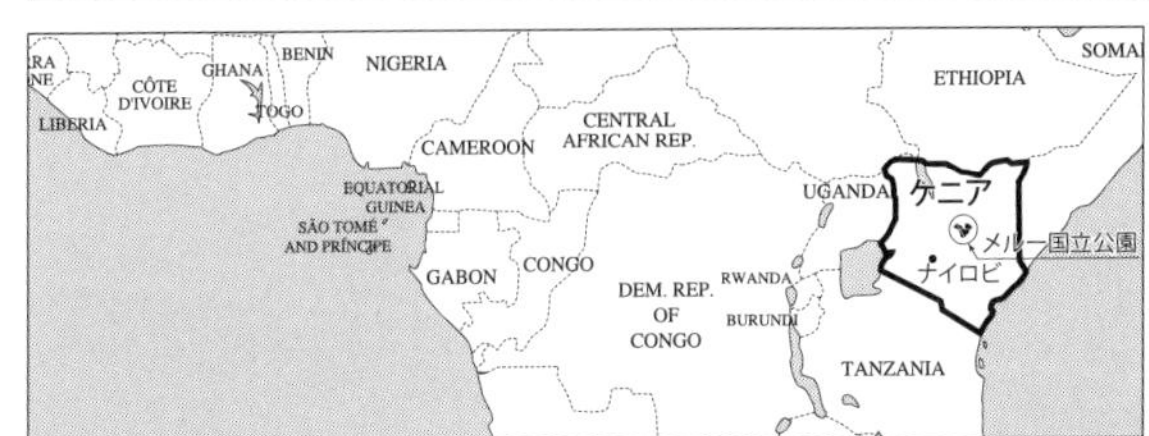
BENIN
NIGERIA
ETHIOPIA
CÔTE D'IVOIRE
GHANA
TOGO
LIBERIA
CENTRAL AFRICAN REP.
CAMEROON
EQUATORIAL GUINEA
SÃO TOMÉ AND PRÍNCIPE
UGANDA
ケニア
メルー国立公園
ナイロビ
GABON
CONGO
DEM. REP. OF CONGO
RWANDA
BURUNDI
TANZANIA

およびラホーレ国立保護区（ＲＮＲ）から構成され、これらの総面積は五〇〇〇平方キロメートルに達します。このように広域の保全エリアの連続性が保たれており、野生生物の広範囲の移動が可能となることから、一九九九年にはＭＣＡの二つの国立保護区の管理権限は地方自治体からＫＷＳに委任されました。

ＭＣＡの周辺は、北部と東部はボラナおよびソマリ、ポコモといった民族が生活する放牧地となっており、ここは野生動物の重要な移動ルートに含まれています。また、西部から南部にかけてはメルーおよびタラカ、オルマ、カンバといった民族が定住し乾燥地農業（dry land agriculture）に従事しており、周辺部の民族構成は多様です。なお、ＭＣＡと隣接するニャンバニ水源域、北部および西部に広がる牧草地はＮＷＣＴＡ（Northern Wildlife Conservation Tourism Area）に指定され、国際動物福祉基金（ＩＦＡＷ）の資金援助を受け野生生物の保全活動を推進しています。

地域ごとの土壌や降水量の違いに対応し、北部の疎林、西部のウッドランドサバンナ（疎林と草原）、その他のサバンナというように植生が多様に変化し、これらを刻むように一四の河川が走っています。このような地形条件から、アカシアが優占するサバンナに加えて、河川に沿って分布する河畔林、湿原が相まって、複雑で多様な自然景観を形成しています。また、当公園の周辺には、社会的・学術的に極めて価値の高いガヤ森林保護区やケニア最長河川でもあるタナ川など貴重な生態系が見られます。このような豊かな植生は、この地域の特徴ともいえる昆虫類の多様性を育んでいます。

観光客の多くが注目する野生生物については、ビッグ5（ライオン、ゾウ、バッファロー、サイ、ヒョウ）をはじめ、チーター、キリン、カバ、ガゼルなどの大型哺乳動物から鳥類・爬虫類・昆虫類に至るまで、多くの種が生息しており、特に鳥類は約三〇〇種、ライオンは約六〇〇頭（二〇〇六年）が確認されています。当公園のキャッチフレーズ「Complete Wilderness（完全なる荒野）」に象徴されるように、原生の自然環境の中で多くの野生生物が育まれてきました。しかし、ナクルやマサイ・マラのように特定の野生動物が高密度で分布していることはありません。

当公園のソマリアに近いという立地条件や周辺住民の貧困問題等のため、野生動物を巡る辛い過去を経験しています。また、周辺地域では、従来から頻繁に民族間の暴動が発生し、武器の売買も行われてきました。特に、ライフル銃を所有するソマリ系の住民が多く住んでいることは、密猟の危険因子にもなっています。このような不安定な治安情勢は観光振興の面からも問題でした。

一九六〇年代までは、クロサイやシロサイなどが多くの個体群を維持しており、特にゾウに至っては三〇〇〇頭以上が生息すると推定されていました。しかし、一九七〇年代後半から一九九〇年頃までの約二〇年間、全国的に密猟が横行し、その時期の野生動物保護管理行政に非常な混乱をきたしました。この間に全国のクロサイ個体群はその九五％以上が失われ、一九九〇年時点で国内の個体数は約四〇〇頭と推定されており、ＭＣＡのゾウ個体数もそれ以前の一〇％まで激減したとされています。密猟の結果、この二種は極端に個体数を減じましたが、その後、各地の公園や保護区外に残存していたサイやゾウを当公園に移入する取り組みが始まり、個体数は回復しつつあります。サイについては、二〇〇七年当時、園内に設置されたサンクチュアリーにクロサイ二二個体、シロサイ三五個体が収容されており、二〇一七年にはクロサイ二八個体、シロサイ六一個体にまで増加しました。また、ゾウについても、一九九八年以降多くの個体が移送されており、毎年約五％の増加率で個体数は回復してきており、二〇〇二年には四一三個体がMCA内で確認されています。

MCAの利用形態は、風景探勝、動物観察、ラフティング、魚釣り（キャッチ&リリース）、キャンプなど様々ですが、利用客の多くは、人里離れた場所にある原生状態の手付かずの自然を求めてやってきます。一九七〇年代前半の利用者は年間約四万人にのぼりましたが、上記の密猟による野生生物の減少などの影響により、一九九七年にはわずか二〇〇〇人にまで落ち込みました。その後は回復傾向にあり、二〇〇七年の利用者数は約一万四〇〇〇 人となっています。

メルー国立公園の周辺地域でも課題が少なくありませんでした。MCA内のコラ国立公園およびムインギ国立保護区では、牧畜民や定住農家が不法に園内に侵入することが問題となっていました。

また、公園外のニャンバニ丘陵において、住民が薪を得るために森林を伐採したり、河川で無秩序に水を摂取するため、公園内で野生生物の水資源が減少することや、同地域の放牧地で家畜と野生生物の餌の奪い合いが起こっていました。公園周辺の土地を使用している住民のほとんどは、土地の不動産権利証書を持たず、所有権の獲得を主張してきませんでしたが、一方で、土地の境界確定に関して地方政府に抵抗してきました。このような状況から、地域社会で住民が利用可能な森林資源を増やしていく必要があると私はいつも考えていました。

(2) メルー国立公園の保全教育に係る施策

二〇〇二年、ケニア政府、ＦＦＥＭ（French Fund for Global Environment）およびＡＦＤ（French Development Agency）は、「メルー保護地域再生計画」（Meru Conservation Area Development Project = ＭＣＡＤＰ）注(1)を始めました。拠出額はそれぞれ、六百万フラン（一億四千万円）、八百二十万フラン（一億九千万円）、百九十万フラン（四四〇〇万円）であり（二〇〇二年当時）、二〇〇七年度までの計画期間に、周辺地域では、一九の関連プロジェクトが実施されました。

ＭＣＡＡＤＰはフランス政府の支援により、道路整備や公園の境界の電気柵の設置、公園内の職員住宅の建設などを実施しており、その他、地域住民との対話の場として、ＭＣＡ周辺に六つの地域諮問委員会（Community Consultative Committee

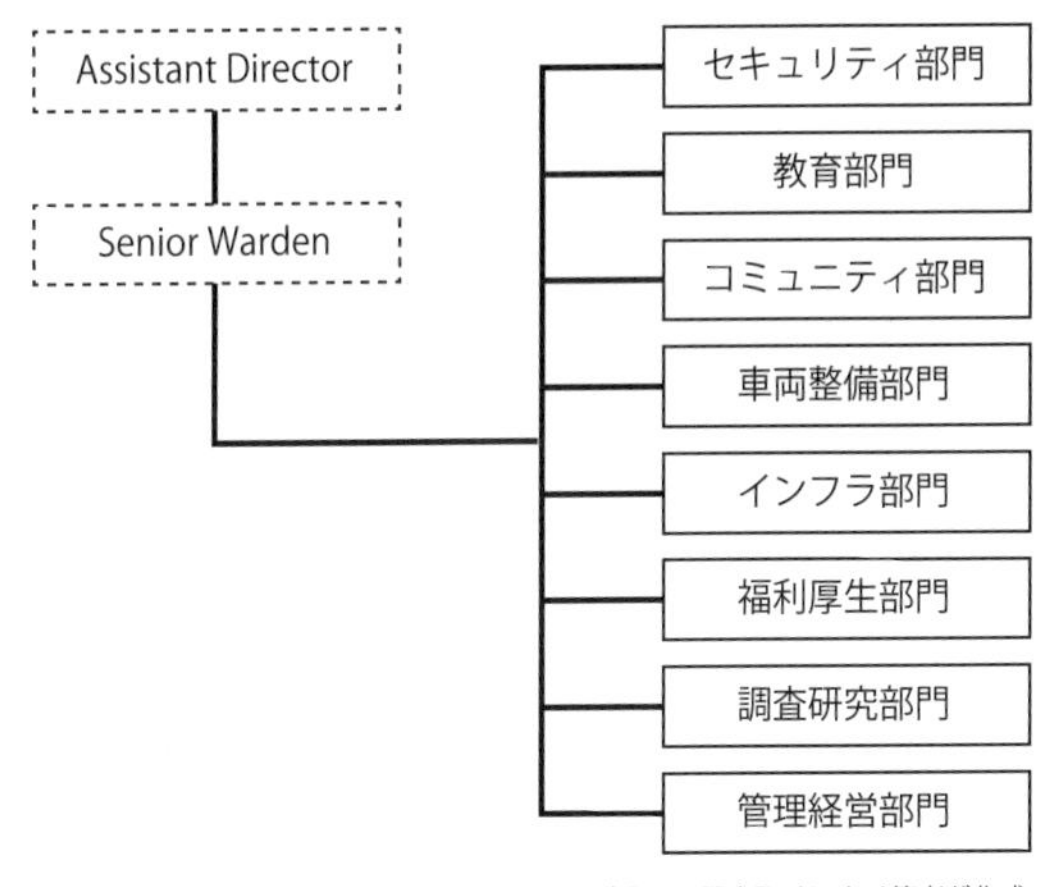

出典：職員への聞き取りにより筆者が作成

図１　メルー国立公園の組織図（2010年）

＝ＣＣＣｓ）およびそれらの下部組織として地域保全協議会（Community Conservation Forum＝ＣＣＦ）を設置しました。

ＣＣＦは、各ＣＣＣｓから選出された二名ずつのメンバーが委員となっています。ＣＣＣｓおよびＣＣＦ（以下、地域協議会等とする）の主な目的は、各地域で行われている保全および獣害対策に関する取り組みの把握とこれらの課題の解決に関して必要な措置について協議し、具体的に対策を実施することです。二〇〇七年度にＭＣＡＤＰが終了した後も、協議会等がこの役割を効果的に果たしていくことが期待されていました。

私は、メルー国立公園の地域協議会等の運営に関する指導や協議会の開催状況の把握など取り組み状況について、所管するコミュニティ部門の幹部（Warden Community）に確認してみました。すると、ＣＣＣｓは、ガルバトゥラおよびタラカの両県では継続的に協議会を開催しているが、他の四県では活動を休止しているということが分かりました。このことが示唆しているように、ＭＣＡＤＰ終了後の取り組みが不十分であったことや、住民が地域協議会等で合意形成を図る仕組みの重要性に関する認識が職員の間で徹底されておらず、そもそも地域協議会等の存在をあまり認識していなかったなどの理由により、当公園が地域協議会等の活動状況すら把握できていない状況になっていたのです。

また、MCA Management Plan（以下、ＭＣＡ管理計画）は、二〇〇六年にＫＷＳが所管する全ての国立公園で共通に順守すべき基本原則を明文化するため策定した Protected Areas Planning Framework（ＰＡＰＦ）に基づき、ロジカル・フレームワーク・アプローチ（Logical Framework Approach ＝ ＬＦＡ）を導入し、利害関係者が計画策定に関わる住民参加型で作成したもので、ツァボ国立公園を区域に含むツァボ保護区に続いてKWS所管の国立公園の中では二件目の策定でした。計画期間は、二〇〇七年から二〇一七年までの一〇年間です。内容は、ゾーニング計画（zonation scheme）および五つの管理プログラム（management programmes）の二つのメニューに大別されます。五つの管理プログラムには、生態系保全（Ecological Management Programme）、観光振興（Tourism Development and Management Programme）、地域住民との協働および普及啓発・教育（Community Partnership and Education Programme）、安全管理（Security Programme）、保護区域の全体的な運営（Protected Area Operations Programme）が含まれます。

この五つの管理プログラムの中で、「地域住民との協働および普及啓発・教育」で地域協議会等が公園側と地域住民の対話・協働を推進する主要なメカニズムに位置づけられています。しかし、MCA管理計画では、このメカニズムが十分に機能していないことを認め、効果的な活用のため、構成員のジェンダーバランスの改善、政治家などによる権力の不介入の担保、助成を受け建設した設備の維持管理能力の向上

地域協議会を紹介するためのポスターを五千部印刷し公園周辺地域に配布。

など、いくつかの具体的な行動計画を盛り込んでいます。そして、これらの行動計画を実現する手段の一つとして地域協議会等の活用が期待されていました。つまり、メルー国立公園の地域住民との協働に関する施策の中で、地域協議会等は重要な位置づけにあるといえます。なお、教育部局の主要事業であり、学校や集落での巡回指導であるアウトリーチプログラムの実施は、同管理計画の「地域住民との協働および普及啓発・教育」で一層の推進が謳われています。

(3) 教育部局について

メルー国立公園では隊員のカウンターパートは、教育部長（ワーデン）の女性であり、同僚はコプロ、レンジャーの職位の男性二名でした。KWSの序列では、ワーデンが部局のトップであり、コプロはレンジャーより一ランク上です。

また、メルー国立公園では積極的に大学生のインターンシップを受け入れており、教育部局にも常時数名の学生が在籍していました。なお、教育部局は、公用車を一台所管し、専属の運転手を雇用していました。

教育部局の活動の拠点は、一九八〇年に設立されたムレラ教育センター（以下、教育センター）です。教育センターは、八〇人収容できるホールの他、図書室や執務室などがあり、職員はここで公園の訪問者に対する普及・教育活動を行っています。また、職員は、内業は主に教育センターにある図書室で行い、会議や打ち合わせの際には近くの会議室や数キロ離れた本部に移動します。

図書室には、国際動物福祉基金（IFAW）やArid LandsなどのNGOが寄贈した書籍やJICAが導入したパソコンなどが設置されていました。また、ホールには、普及啓発用のポスター以外に、周辺地域に生息する真社会性の哺乳類であるハダカデバネズミの飼育箱が設置されていましたが、後述のとおり教育センターの利用者数が極端に少なく、ほとんど活用されていませんでした。

メルー国立公園配属の隊員に期待される活動内容については、「平成19年度春募集ボランティア要望調査票」（以下、要望調査票）が参考になります。要望調査票によると、①小学校（プライマリー・スクール）や地域住民に対して環境保護、生態系保護の巡回指導を行うアウトリーチプログラムの企画・立案・実施、②公園訪問者に対する公園内ガイド、環境保護、生態系保護に関する講義、③環境保護教育に関する対象者別教材作製、④公園に生息する野生生物や公園の生態系に関する展示物や展示資料の作成であり、他のKWS所管の国立公園の要請内容と同様でした。なお、①のアウトリーチプログラムに関しては、二〇〇六年度から既に取り組みが始まっていました。

注

(1) MCADPについては、以下のサイトを参照。
http://www.afd.fr/lang/en/home/projets_afd/AFD-et-environnement/tourisme-durable-dans-le-parc-national-de-Meru

環境問題と青年海外協力隊の活動

1. ケニアの環境問題

ケニアの環境問題は、私の活動のテーマであった野生生物を巡る問題に加え、森林伐採、湖沼の開発、廃棄物などさまざまな問題があります。ここでは、ケニアの環境問題についていくつかご紹介します。

私が生活していたメルー国立公園周辺は、タナ川が流れ、湧水地が比較的多いため疎林が多く分布しています。また、私も訪問したことのある西部のカカメガの森はまとまった量の森林資源が残されています。しかし、ケニア全体でみると、国土の約八割が乾燥した土地であり、森林面積はわずか三％以下に過ぎません。

ケニアではエネルギー消費量の七割以上を薪炭に依存しています。その上、近年の著しい人口増加により、森林の過剰な伐採が懸念されています。さらに、干ばつや耕地の拡大に伴い、土地の生産力の低下、自然環境の劣化といった問題が深刻化しています。

このような状況において、一九八五年から半乾燥地であるキツイ県において、持続可能な森林経営のための技術協力がＪＩＣＡのプロジェクトにより実施されてきました。キツイ県は、貧困層が特に多く、長年日照りと水不足に悩まされており、山地の灌木、樹木が激減しています。そのため、現地の地方政府や住民に対して、乾燥地に適した苗木の研究、林業に関する人材育成・職業訓練、乾燥地や半乾燥地で実現可能な林業モデルの開発などを支援してきました。その結果、キツイ県では有用樹種の育苗技術が確立されました。

(1) ナイバシャ湖のバラ栽培と環境問題

ナイバシャ湖（Lake Naivasha）の標高は一八八七メートルで大地溝帯の湖群の中では最も高い位置にあります。ナイバシャとは、マサイ族の言葉で「波の立つ水たまり」（e-naiposha）を意味します。島に浮かぶ三日月島（Crescent Island）は、映画「アウト・オブ・アフリカ」の撮影舞台として知られています。全体で二四一平方キロメートルに広さを誇り、本湖に加え、Crescent Island Lagoon（二・一平方キロメートル）、Oloidien（五・五平方キロメートル）、Sonachi（〇・六平方キロメートル）の三つの内湖から構成されています。水深は本湖で最大八メートル、Crescent Island Lagoonで一八メートルと比較的浅く、水位の年次変動が比較的大きいことが特徴です。そのため、定期的に広大な干潟が出現し、渉禽（渉水鳥）にとって重要な餌場を提供しており、ケニアで最も多くの水鳥（四〇〇種）の生息する湿地となっています。

ケニアでは大地溝帯の湖群の大部分がアルカリ湖であり、炭酸ナトリウムを主成分とする湖水の塩分濃度は非常に高い値を示します。一方、ナイバシャ湖はその例外であり、流入総量の九割を占めるギルギル川およびマレワ川の二本の流入河川の水量が多いため、塩分濃度が低く抑えられています。しかし、これらの河川の源流に位置するKinangop平原のMalewa-Turasha水系において、大ナクル上水道事業における取水により河川の水量が激減しました。そのため、下流にある本湖の水質の変動が懸念されています。

湖には、在来種のパピルス（*Cyperus papyrus*）に加え、アマゾン原産のサルビニア（*Salvinia molesta*）、ヒヤシンス（*Eichhornia crassopes*）、*Pristia stratiotes* といった外来種の浮遊植物が繁殖しており、それらによる景観悪化や漁業被害が深刻化しています。特に最優占種のサルビニアは湖面の約二五％を覆い、喫緊の対策が求められています。サルビニアは、ブラジル南東部原産で世界中の熱帯地方に分布を広げており、ケニアには、二〇世紀前半に帰化し、ナイロビで鑑賞用植物として養殖されていました。その後、一九三六年頃からアティ川に進出した後、全土に分布を拡大しました。ナイバシャ湖では一九六二年に初めて繁殖が確認されました。一方、魚類においては、ビクトリア湖と同様に外来種のブラックバスが導入され、生態系に被害を及ぼしています。

ケニアはバラの生産が盛んです。湖周辺でも無数のビニールハウスが立ち並び、その中で切り花の生産のため雇用された地元住民が働いている姿を見ることができます。このような農園で働くのは八割が女性でシングルマザーも多いといいます。バラ産業が急成長したケニアでは一九九〇年代後半から二〇〇〇年代前半に、農薬による環境への影響が問題になりました。バラの栽培が盛んな地域は、ラムサール条約にも登録されているナイバシャ湖近く、標高一八〇〇メートルから二四〇〇メートル付近です。

ナイバシャ湖周辺の切り花産業は、一九九〇年代後半にオランダとイギリスの民間農園が進出してから急激な発展を遂げ、切り花産業は一九九〇年代の初頭から毎年二〇％の成長率を維持し、一九九五年には初めて野菜類の輸出量を上回り、翌年には三万五千二百トン（八千万USドル相当）の輸出量を記録しました。輸出切り花の約七五％はナイバシャ湖周辺で生産されたものであり、輸出先は欧州、特にイギリスが多いです。

しかし、バラ栽培により大量の水がくみ上げられた結果、農薬が混じった排水が垂れ流され、結果として湖の水質が悪化する問題が専門家や環境団体により指摘されてきました。この時期、魚の大量死のニュースが新聞やテレビで頻繁に報道されるようになりました。さらに、農園では低賃金労働の問題も指摘され、イギリスの公共放送BBCがこれらの現状を取り上げたことから国際的な関心が高まりました。ケニア政府は二〇〇四年に対策に乗り出し、減農薬、雨水の利用および農業用水のろ過などの対策を進めた結果、水質の問題は改善されてきました。

(2) トゥルカナ湖の上流におけるダム開発と越境する影響

一九九七年、トゥルカナ湖を含む「トゥルカナ湖国立公園群」はユネスコ世界遺産（自然遺産）に登録されました。湖の面積は七千二百平方キロメートルもあり、大地溝帯に分布する湖の中では最も大きいです。水鳥、ナイルワニ、カバなどの一大生息地として有名で、フラミンゴ、ペリカン、サギを中心とする多種の渡り鳥の中継地点、三五〇種もの水鳥の生息地として重要な湿地生態系です。

この湖は、文化人類学的見地からも重要な地域であり、ヒト族（Hominini）の種であるホモ・ハビリスやそれより一般に大型で生息年代の新しいホモ・エレクトゥスの人骨の化石が発見された場所として世界的に有名です。

湖周辺には、ケニアの総人口の二％を占めるトゥルカナ族の人々が、伝統的な生活様式を守りながら生活しています。湖畔では、昔からトゥルカナ族やエルモロ族の人々が、放牧や狩猟をしながら生活を営んできました。また、湖は野生動物にとっても貴重な水場になっています。僻地にあり、私がケニアで活動していた当時は観光客の人

独特の文化を持つトゥルカナ族の人々。

数もそれほど多くなく、手つかずの自然、文化がありのままの姿で存在する場所でした。

ただ、この豊かな環境も近いうちに、大きく変わってしまうかもしれません。というのも、湖に流れ込むオモ川の上流で、二〇一六年一二月、隣国エチオピアが水力発電用のダムを建設したのです。このアフリカ最大のダムの影響により、トゥルカナ湖の水位は低下する可能性が高いと考えられます。さらに、近隣に住む住民が利用している湧き水や井戸水も枯渇し、さらに生態系にも大きな影響を与えることが懸念されています。

(3) ナイロビダムと廃棄物問題

ケニアでは、他の途上国と同様に、下水設備の普及・整備が遅れています。特にナイロビ市内では、急激な人口増、経済発展が進むなか、日常生活の衛生面の向上において不可欠な下水インフラの整備が遅れています。

首都ナイロビの人口は、二〇〇九年当時の約三〇四万人から二〇一五年には約三九〇万人に増加し、二〇三〇年に五九四万人に達することが見込まれており、人々の日常生活および商業活動から出される廃棄物の量も急増すると予想されています。現在のごみ処分場は、容量の三倍以上の廃棄物が持ち込まれている状態で、土壌汚染、悪臭などによって周囲の衛生環境が悪化することが問題となっています。

さらに、廃棄物管理体制も十分ではなく、特に低所得者居住地域で収集運搬が十分に行われていません。その結果、都市衛生上の大きな問題となっており、新規廃棄物処分場の建設と適正な廃棄物管理システムを確立することが急務となっています。

環境問題が深刻化している現場の一例として、ナイロビダム（Nairobi dum）が挙げられます。ナイロビダムは、東アフリカ最大のスラム・キベラスラムに隣接する湿地で、ナイロビ川が流れ込みます。乾季と雨季で水位の変動が激しく、乾季には水がほとんどなくなり、スラムに出入りする抜け道として、草地の中を住民が往来する姿が見られます。湿地には、ナイロビ住民の生活排水が流入するだけではなく、スラムの住民が家庭ごみや汚物を廃棄するため、極端に汚染が進んでいます。

ケニアでは、国家開発計画の一つとして「Vision 2030」が二〇〇八年七月に策定されました。二〇三〇年までに、高い生活水準、国際的な競争力及び経済的繁栄を達成することを上位目標とし、持続可能な経済成長のために環境保全が重要視され、都市部における汚染対策と廃棄物管理システムを改善することが必要とされています。

ケニアから要請を受け、ＪＩＣＡは二〇一二年より四年間の技術プロジェクトを開始しました。本プロジェクトでは、ナイロビ市の廃棄物管理に責任を持つ市役所職員の能力向上を図り、市の廃棄物収集・運搬サービスを拡大させるため、フランチャイズ制による収集・運搬サービスを提供していくこととなりました。

このフランチャイズ制とは、ナイロビ市全域をいくつかの区域（ゾーン）に分けて、各ゾーンのごみ収集を入札によって選定した業者に独占的に任せる制度です。さらに、地域組織の協力を得ながら、スラム街での収集・運搬に係わるパイロットプロジェクト、廃棄物関連の収支を一般会計から切り離した特別会計の設置なども併せて実施することとなりました。

ただ、実際にフランチャイズ制度の導入を進めると現場では困難な課題が出てきました。もともとナイロビだけでも百以上の既存業者が存在し、その多くは零細業者です。当制度による契約者数は限定的であるため、多くの同業他社はビジネス機会を失い、死活問題になります。

このように制度や政策と現場の間には大きな溝があることは少なくありません。青年海外協力隊に求められている立ち位置はそこにあり、隊員は制度を勉強しながら現場に向き合うことが求められると私は考えています。

(4) ビクトリア湖の生物多様性とナイルパーチ

ケニア、タンザニア、ウガンダの国境にあるビクトリア湖は、琵琶湖の約一〇〇倍の広さを持つ古代湖です。二〇一〇年三月八日、私は、休暇を利用し、ビクトリア湖に浮かぶレンバ島（Remba Island）に向かいました。この島には、タンザニア、ウガンダからやってきた人々も一時的に生活しています。湖岸を歩いていると、ナイルパーチを捌いている、タンザニアから来たという女性に会いました。また、市場に行くと、ナイルパーチがまとめて置かれていました。

私は、ケニアに来る前からナイルパーチという魚が気になっていました。アフリカ最大のビクトリア湖には、かつて、約四〇〇種類の固有種が生息しており、研究者たちに「ダーウィンの箱庭」と呼ばれるほどの「生物多様性の宝庫」として知られていました。

英国植民地時代の一九五四年、湖に生息する淡水魚の乱獲によって漁獲量が激減したため、外来魚であるナイルパーチが放流されたといわれています。この魚は、体長二メートル、重さ一〇〇キロにもなる巨大な肉食魚です。

ビクトリア湖では、ナイルパーチの移入によって、一時的な漁獲量の増加や、スポーツフィッシングなど大きな経済効果をもたらしましたが、その効果の裏に、様々な問題が表面化していきました。

もともとビクトリア湖に生息していた在来魚の多くが草食性です。そこに、肉食性のナイルパーチを移入したことによって、もともといた固有種が約四〇〇種から約二〇〇種まで激減し、湖の生態系は壊滅的な状態になってしまいました。また、ナイルパーチの商業的開発は、地域の伝統的な漁業や水産物の加工産業を衰退させ、湖に依存している地域社会をも荒廃させてしまいました。この社会問題は、フーベルト・ザウパー監督のドキュメンタリー映画『ダーウィンの悪夢』(Darwin's Nightmare)で描かれています。

ビクトリア湖の生物多様性を脅かしてきたナイルパーチ。

(5) ケニアの保全教育の現状

このように、ケニアではさまざまな環境問題が顕在しており、それらの解決に向けた教育や普及啓発が課題となってきました。

ケニアの野生生物保全教育について、いくつかの文献で整理されています。新田和弘氏は二〇〇六年から二〇〇八年にＪＩＣＡの専門家としてＫＷＳに派遣された時の知見を元に報告をまとめています。また、私も、野生生物の保全に関する意識調査をナイロビ市民とメルー国立公園周辺の地方住民、教員、児童に対して実施し、その結果を論文にしました。さらに、ケニアやアフリカ諸国の野生生物保全教育および環境教育全般に関して、次のようにいくつかの研究報告があります。

マロリ氏は、ケニアにおいて、児童対象の保全教育を積極的に実施し、ＪＯＣＶの派遣を受け入れているＷＣＫ（Wildlife Club of Kenya）の取り組みについて、文献調査、参与観察およびアンケート調査を実施しました。彼は論文の中で、ＷＣＫの取り組みの成功要因として、熱意のある個人との協働の取り組み、注目を集める環境問題のテーマに関わること、国立公園へのゲームドライブ、学生の就職活動への貢献などを挙げました。一方で、今後の課題として、時代とともに変化する環境問題の種類や教育戦略への対応、個人および団体とのネットワーキングや広報活動の推進、戦略的計画を活動プログラムに導入する方法の開発などを挙げています。さらに、保全団体の活動全体について、過去の団体の取り組みの成果を元に現在および未来の活動の効果を高めていくことが重要であり、研究者には、環境教育団体のこれまでの活動を整理し、分析を加えることが求められると指摘しています。

また、イブラヒム氏は、ケニアでは、学校における生態学の教育や学習のテーマとして、国立公園や野生動物がほとんど活用されてこなかった事実を指摘しました。その上で、教育プログラムの中で指導者による科学的説明が不足していることにより、国立公園や野生動物に関する問題に対する児童の理解が進んでいないことを示しました。

一方で、学習後の児童の学習効果が認められるケースもあるようです。例えば、学習の結果、社会経済的利益、観光や獣害問題などの彼ら自身の社会的文脈の中で諸問題を理解していたり、国立公園および野生動物の問題の解決が、貧困の解決や平等化社会の実現に寄与することを認識している児童がいることを示しました。なお、先述した新田氏は、ケニアでは、野生生物保全に関する教育の中で経済的価値を強調する傾向があり、野生生物の「価値」以前に本来持つ「魅力」を最大限に引き出す教育が求められていると述べ、イブラヒム（二〇〇二）も同様の指摘をしています。

クリストファ氏は、東アフリカ地域の一〇か国で初等学校を対象に調査を行いました。その結果、学校での環境教育の取り組みは国家的なプログラムの発達という点では不十分であり、要因として、国の教育政策の問題、教員の能力の欠如、学習教材の不足などを挙げました。そして、教育政策の中に環境教育を導入し、学校が環境教育の推進を図るメカニズムを組み込むことでこれらの課題は解決されると主張しています。

2. メルー国立公園における環境教育隊員の役割

(1) ケニアの政府開発援助と青年海外協力隊

わが国の政府開発援助（ODA）の予算の多くは、JICAを通して執行されてきました。ケニアの野生生物保全の開発援助のうち、KWSに対する支援は最も重要な施策の一つです。わが国によるKWSへの支援の歴史は古く、一九七八年から自動車整備関連のJOCVを派遣しており一九九二年からは車両・建設機械の無償資金協力を開始しました。教育分野では一九九二年から専門家およびJOCVを派遣しており、今後のケニアの野生生物の保全の推進に向けてこれまでの取り組みの評価が求められます。

特に、保全教育の分野においては、専門家携行機材、単独供与機材としてAV編集機材や教育目的専用バス、一般車両などを提供しており、二〇〇五年から三年間の技術協力プロジェクト「野生生物保全教育強化」(Strengthening of Wildlife Conservation Education = ＳＯＷＣＥ) を実施し、ＪＯＣＶはＫＷＳと連携しながら組織的な教育能力の向上を図ってきました。

ところで、「役割期待」という言葉を御存じでしょうか。一般に、「役割期待」とは、社会的に特定可能な地位や立場への期待のことを指します。ＪＯＣＶが配属先に赴任し、要請内容と現場のギャップに悩むことはよくあることですが、組織における役割を遂行するためには、配属先の周囲の人々から発せられる役割期待を理解し、応えることが重要です。高い動機付けを持つ隊員の場合、配属先での役割期待と自分の期待との乖離の収束が困難かもしれません。その場合でも、隊員は配属先で直接情報を得て自らを変化させ、役割期待も変容させる必要があります。

ドイツ技術協力公社 (ＧＴＺ) やＪＩＣＡから途上国に派遣された体験に基づく開発援助のあり方に関する考察はこれまでいくつか確認されています。しかし、環境教育や保全教育に取り組むＪＯＣＶの隊員が果たす役割およびＪＩＣＡによる派遣のあり方などについて、配属先の職員やスタッフの意識を調査した研究はこれまでありませんでした。隊員による協力活動の意義を評価する上で、地域住民の配属先の取り組みに対する評価に加え、配属先の職員の意識を把握することが重要であると私は考えました。ここでは私がメルー国立公園で調査した結果を紹介します。

(2) アンケート調査による問題の把握

まず、職員を対象に実施したアンケート調査の結果から、職員の保全教育や協力隊の派遣に対する意識を明らかにします。隊員の配属先において、隊員による協力・援助活動の目的を達成するために部局間の連携が必要なケースは少なくありません。部局間で職員の異動が多いKWSのような組織では、隊員が活動する部局の同僚だけではなく、他部局の職員も含めて組織全体の認識を把握する意義は大きいと考えました。

次に、アウトリーチプログラムの教育対象である小学校児童の意識についても調査しました。これに関しては、児童を対象にしたアンケート調査の結果に加え、筆者自身が隊員としての活動で得た知見を記述したボランティア報告書の内容を踏まえ、配属先が取り組む環境教育の問題点を明らかにし、隊員の活動のあり方を述べます。

さらに、隊員の活動を考察する上で、求められるJICAの対応を考察することには一定の意義があると考えられます。したがって、上記の整理の中で、隊員の活動を阻害する要因を抽出し、それを踏まえて、JICAのJOCVに対する支援の改善策について考察します。

（職員対象）

配属先の同意
シニアワーデン（公園長）に調査の趣旨を説明し、実施の同意をもらう。

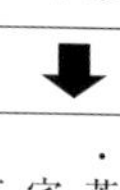

調査票の作成・配布
・英語で作成し、職員住宅の各戸に直接持参
・直接口頭でお願いする。

調査票の回収
・隊員の自宅に届けてもらう。
・提出が遅い場合は各戸に回収に伺う。

（児童対象）

PDMの作成
アンケート調査の実施についてカウンターパートに説明する。

調査票の作成・配布
英語で作成し、授業の後、学校で配布する。

調査票の回収
後日、学校まで回収に伺う。

アンケート調査実施のフロー

出典：業務日誌を参照し筆者が作成

なお、本稿では、環境教育の最終目標を、世界の生物多様性の「保護」ではなく、それらの保全と社会・環境の持続可能性に置きます。したがって、対象とする範疇が「自然保護教育」よりも広いと定義される「保全教育」の用語を用いる場合があります。

⑶ 分析手法

新田和弘氏は、ケニアの野生生物保全教育の課題として、①野生生物の価値や保全の意義を国民に伝える場合、どうしても経済的価値を強調する傾向があること（教育内容の問題点）、②地域住民が野生生物から直接的な利益を得ることができるよう、地域住民との継続的な対話を通して生計支援策を促進すること（地域住民との協働）、の二点を挙げています。

まず、メルー国立公園職員の保全教育に関する意識について、これらの二点に加え、③隊員との連携、さらに隊員の活動の実施には組織の風土・文化が強く影響すると考えられることから、④「組織風土」を合わせた四つの論点で整理し、考察を行うこととします。

メルー国立公園では、職員一八五名の過半数は、ムレラゲートに隣接する職員住宅に居住し、その他の職員は公園内の本部周辺の職員住宅に居住しています。そこで、二〇〇九年九月、ムレラゲートに隣接する職員住宅において、幹部（Warden Ⅱ以上）を除く、職員九九名に調査票を送付することで、アンケート調査を実施し、六五名から回答を得ました。調査票は、英語で作成しました注(1)。

なお、幹部職員の人数は少ないですが、序列化が確立された組織の中で、その他の職員とは認識が異なる可能性が大きいと考えられました。そのため、補足調査として、二〇一三年一一月にメルー国立公園の教育部局の長にアンケート調査票を送付し、自由記述による調査を実施しました。質問項目は、公園の入園料、職員の環境教育に対する認識、環境教育の現状、JOCV事業に関する認識などです。

一方、保全教育はKWSの中期戦略計画において、野生生物の保全・保護・管理の促進に関する活動の一つとして挙げられており、活動内容は主に学校や集落を訪問するアウトリーチプログラム、公園内の教育センターなどでのインハウスプログラム、ガイド付きツアーの三つのプログラムに分けられています。メルー国立公園の教育部局の取り組みについて、本稿では、前二者について取り上げ、小学校でのアウトリーチプログラムについては、児童を対象としたアンケート調査の結果を一部引用して考察することとします。

なお、私は隊員の日々の業務内容や同僚との会話の一部について、ほぼ毎日業務日誌として記録し、その内容をＪＩＣＡに提出するボランティア報告書に記載していました。本稿では、ボランティア報告書の内容も参照しました注(2)。なお、本稿で考察の対象とする、メルー国立公園の主なプログラムの実施状況については、表１のとおりです。

(4) メルー国立公園の職員の意識

保全教育については、教育部局だけではなく、他部局の職員もその重要性を強く認識する必要があるでしょう。というのも、多くの事業や職員の対応は教育的要素を含んでいるからです。このことは、日本の地方行政で教育委員会以外の環境部局や森林部局などが環境教育に深く関わっていることからも想像できます。ＫＷＳが所管する国立公園では、部局間あるいは公園間で五年に一回程度の比較的高い頻度で異動があります。そのため、隊員の活動を通した環境教育活動の継続的な導入や内容改善による効果の向上については、配属先の教育部局のみならず、他部局や他の国立公園を含む全体への波及効果が期待されます。

また、自然環境の保全に向けた環境教育は地域づくりの視角から取り組む必要があると思います。そして現場では、ＫＷＳの職員が野生動物による獣害や人身被害に悩まされている地域社会とどのように協力していくのかが問われていました。そのため、この点に関する職員の認識を把握しておくことは、隊員としての活動を進める上でも重要なことでしょう。さらに、青年海外協力隊で派遣される場合、配属先の同僚は、ＪＩＣＡと配属先の関係性の視点から隊員やその活動を評価する場合がありま す。他の国際ＮＧＯなどの機関がボランティアを派遣する場合も同様です。したがって、このような援助機関に対する職員の認識の把握も国際協力の活動を進めていく上で大切なことだと思います。

以上の観点を踏まえ、地域住民との関係、ＪＩＣＡ等の支援、保全教育に対する

地域住民は教育センターから十分な恩恵を受けてこなかった。

教育センターは、野生動物の保全の観点からだけではなく、より広範囲の情報を含めて、教育に取り組む必要がある。

職員は、迷彩柄の制服を着用して学校を訪問するべきではない。

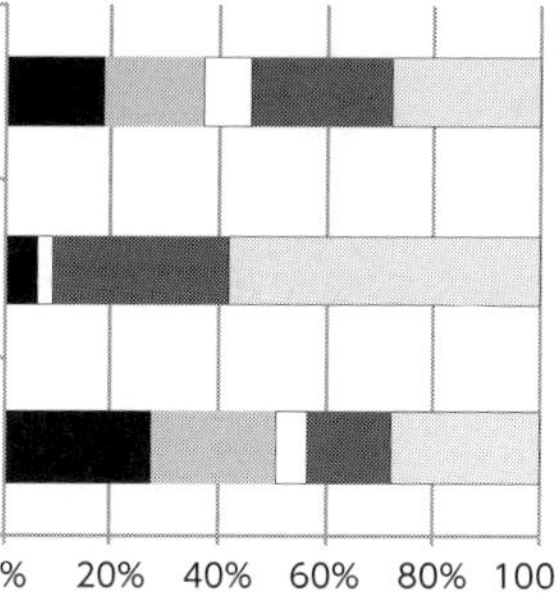

出典：アンケート調査の結果より筆者が作成

図１　教育センターの活用および保全教育に関する職員の意識

職員の考え方について、アンケートの結果に基づき考察します。まず、職員住宅やムレラゲートからの距離が近く、職員が日常的に利活用の状況を知る機会が比較的多いと思われる教育センターを中心に、職員の認識を確認することとしましょう。なお、本文では「回答なし」を除いた数値を記述します。

図1に教育センターの活用および保全教育に関する職員の意識を示します。地域住民は、教育センターの利用頻度が少なく、恩恵もあまり受けてこなかったと多くの職員が認識しています。公園幹部への聞き取り調査においても、同様の意

見が出されています。教育センターを利用するためには、公園に隣接するムレラ村の住民であっても入園料を支払って公園内に入る必要があり、教育センターの存在を認識していたとしても利用は困難です。

また、教育センターの目的に関する設問の結果からは、保全教育だけではなく、広く教育全般に取り組むべきであると考える職員が多いことがわかりました。しかし、教育センターが利用される機会は、周辺の市民団体対象の研修会に加え、ゲームドライブに参加した児童や学生、観光客が立ち寄ることがありますが、いずれも頻度は少ない状況でした（表1）。一方、後述するように、児童は環境教育の場所としてメルー国立公園（五二・七％）や屋内（五八・二％）を希望する者が多く（表3）、インハウスプログラムの拠点として教育センターの利活用の推進が期待されています。また、公園周辺住民は環境保全団体の取り組みに強い関心を示していることが私が別に行ったアンケート調査の結果から明らかになっています。そのため、地域協議会等も含めて、普及啓発の事業や取り組みと関連づけた教育センターの活用が必要であり、そのように働きかける役割が隊員に求められていると考えられます。

ところで、私だけではなく、多くのＫＷＳに派遣された環境教育隊員が、学校に巡回指導に行く際のＫＷＳ職員の服装に驚かされました。ＫＷＳは準軍事組織であることから、迷彩柄の制服で講義を行うのです。そこで、ＫＷＳ職員が迷彩柄の制服を着用して小学校に行くことについて質問すると、五五・二％の回答者が問題とは考えておらず、あまり否定的な意識は認められませんでした。ケニアでは、前述したＷＣＫなど、野生生物の保全に関する普及啓発プログラムを行う複数のＮＧＯが存在します。その中でもＫＷＳの迷彩柄の制服は特異であるといえますが、ＫＷＳ職員の中には問題意識を有する者は多くないといえるでしょう。

次に地域住民との協働に関しての結果を図２に

表１　メルー国立公園教育部局の保全プログラムへの取り組み状況

	アウトリーチプログラム		ゲームドライブ	イベント	教育センターの利用件数
	学校	集落			
2008年8月から12月	6	0	1	6	2
2009年1月から12月	5	2	1	5	4
2010年1月から6月	1	2	2	2	1

出典：業務日誌を参照し筆者が作成

示します。地域住民はメルー国立公園と十分な情報交換を行っているとする意見（四八・四％）がある一方で、地域住民のツーリズムによる収入は少ないと認識されていました（一三・三％）。地域住民に対する別の調査で同様の質問をした結果、ほぼ同程度の数値が確認されており、これらの点に関してＫＷＳ職員と地域住民の認識は近いといえます。

また、地域住民との関わりにおいて、獣害対応は主要な課題です。地域住民が獣害の責任をＫＷＳに負わせる傾向が別に実施した調査で明らかになりましたが、この調査では、職員の約六〇・〇％は、地域住民がある程度責任を持つべきであると考えています。

メルー国立公園の重要な施策であるＭＣＡ管理計画については、四一・九％の職員が認識していますが、調査が計画期間の期間内に行われたことを踏まえると高い数値とはいえません。また、ＭＣＡ管理計画に盛り込まれている地域協議会等についても、四二・一％が熟知していますが、「どちらともいえない」を選んだ者が三五・五％と多いことにも注視すべきでしょう。地域協議会等の役割について、ＭＣＡ管理計画の

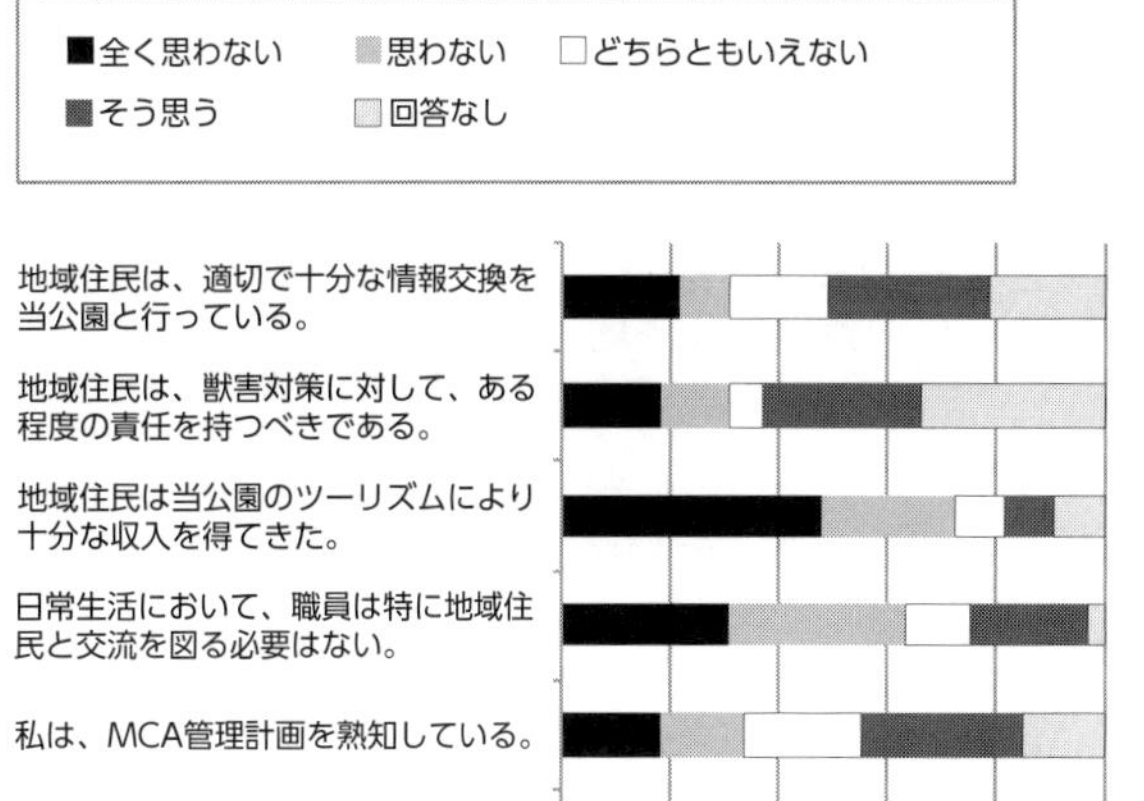

出典：アンケート調査の結果より筆者が作成

図２　地域住民との協働に関する職員の意識

中で地域住民に対する普及啓発が挙げられていました。このように、教育部局のアウトリーチプログラムとともに、地域住民に対する普及啓発も盛り込んだ重要な計画であることから、さらなる認識度の向上が必要であるといえるでしょう。

このＭＣＡ管理計画はロジカル・フレームワーク・アプローチで策定されており、計画段階での住民参加がある程度達成されています。ただ、この時のアンケート調査の結果から分かるように、実施段階で利害関係者の計画への関わりの程度は十分であるとはいえません。地域協議会等の導入は、二〇〇七年に終了した「メルー保護地域再生計画」によるものであり、私の活動時の現状として、フランス政府による進捗管理の実施は望めませんでした。一方、ドイツ技術協力公社（GTZ）のように技術移転よりも開発プロセスの支援に重点を置いている国際機関もありました。メルー国立公園の場合、KWSの既存の計画やプロジェクトの特徴を踏まえつつ、計画のプロセス・マネジメントを意識したJICAによる隊員の派遣や隊員の活動が求められると考えられます。

ところで、私は、当時、地域協議会等の活用の必要性をメルー国立公園の同僚と話し合い、職員の意識を高める働きかけを意識的に行っていました。ただ、私の思いがなかなか伝わらなかったので、公園周辺住民に対する具体的な普及啓発の手段として、ポスターやパンフレットの作成を提案しました。KWSの予算でそのような取り組みを始めるだけでも一歩前進であると考えたためです。しかしながら、KWSの予算を用いることには相当な壁があり、結局、隊員の活動経費である現地業務費の申請を行い、普及用ポスターを五〇〇〇部印刷することとなりました（七〇頁参照）。

　また、アンケート調査では、日常生活で六四・五％の職員は地域住民との交流が必要であると考えていることが示されました（図2）。さらに、職員の異動先を決める際、公園周辺の住民の民族構成を考慮する必要があると考える職員が多いことも示されました。そのため、地域住民との交流が容易であったとしても、民族が異なるため信頼関係の構築は容易ではないことが示唆されます。

　現状では、多くの職員は、公園に隣接し、職員住宅からも近いムレラ村に日常的に訪れ、買い物や飲食などをする際に村人と交流する機会があります。また、密猟者のパトロールや獣害被害の対応の際、地域住民と接することも少なくありません。しかし、そのような機会は決して十分ではなく、職員と地域住民の交流を増やしていくことが課題として挙げられます。

　図3にJOCVに対する職員の意識の結果を示します。JICAの支援については、多くの職員が継続を望んでおり（八六・七％）、KWSは今後もJOCVの派遣を受け入れるべきであると考えている回答者が多く確認されました（八二・八％）。しかし、隊員の活動については、認識している者は二五・九％と低位にとどまりました。

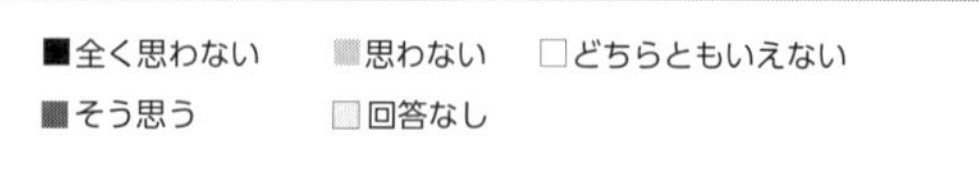

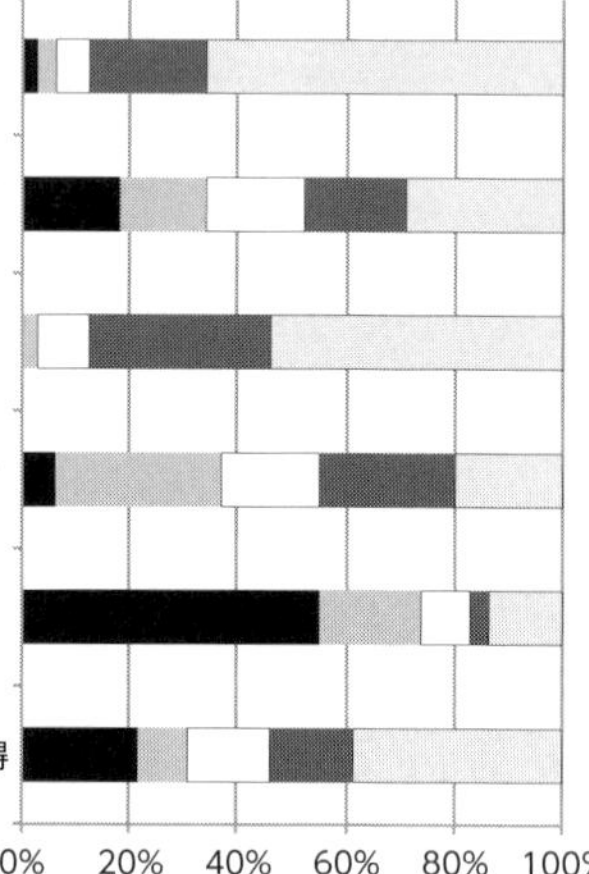

出典：アンケート調査の結果より筆者が作成

図３　JOCV に対する KWS 職員の意識

また、SOWCEプロジェクトを認識している職員も四一・四%と半数に満たない結果となりました。

SOWCEプロジェクトは二〇〇七年に終了していますが、それから二年しか経過していない調査実施時点での認識の程度としては決して高いとはいえないでしょう。前述のMCA管理計画の認識の低さも踏まえると、KWSが推進する保全教育の理念、目標および計画に対する職員の認識および意識の共有が十分ではないと思われます。

なお、フィリピンでは、政府が二〇〇一年に導入した地域の女性組合「ＢＲＩＣ－ＭＰＣ」によるソーセージの製造販売を通じた収入創出活動の取り組みに対し、ＪＩＣＡは二〇〇三年に技術協力、二〇〇四年にはＪＯＣＶの派遣を行い、ＪＯＣＶが直接現場の課題を抽出し収益向上という具体的な結果を残しています。ＫＷＳにおいては、既存の計画や目標を達成するという目標を明確化したＪＯＣＶの派遣が求められ、フィリピンの事例は参考になります。

次に、アンケート調査の結果から、多くの職員（八六・二％）が、上司が隊員から意見を引き出すよう働きかけるべきと考えており、隊員の技術移転に関するアドバイスに期待していることが分かります。一方、隊員を受け入れる目的として、ＪＩＣＡからの資金や資材等の支援を考えている職員が約半数（四八・三％）を占めています。つまり、調査結果からは、配属先は、ＪＩＣＡおよび隊員に対し、ハード面およびソフト面の両方の支援を求めているといえるでしょう。ただし、私が任期中に感じた印象では、同僚たちは、ＪＩＣＡがパソコンや車輌を提供してくれることを期待し

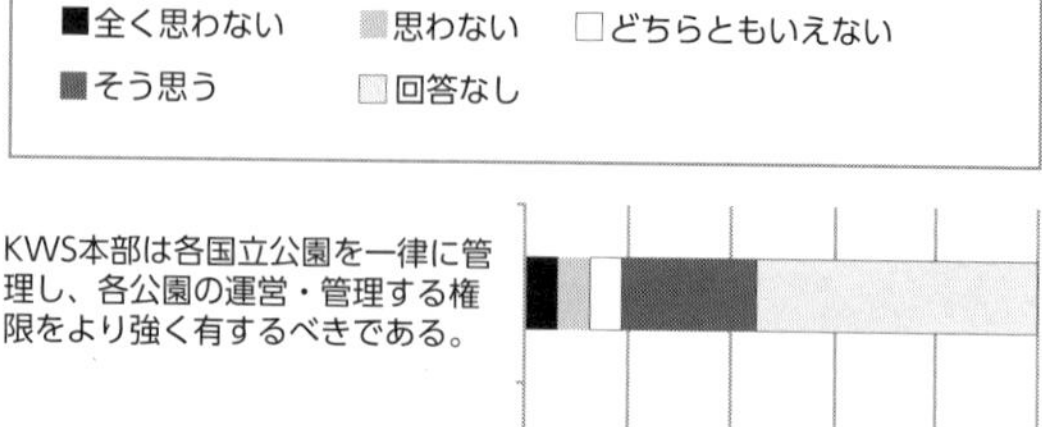

KWS本部は各国立公園を一律に管理し、各公園の運営・管理する権限をより強く有するべきである。

KWSの準軍事組織の不満を感じる。

我々の仕事は単に上司から指示された業務を実施するだけであり、指示がない場合は何も行う必要はない。

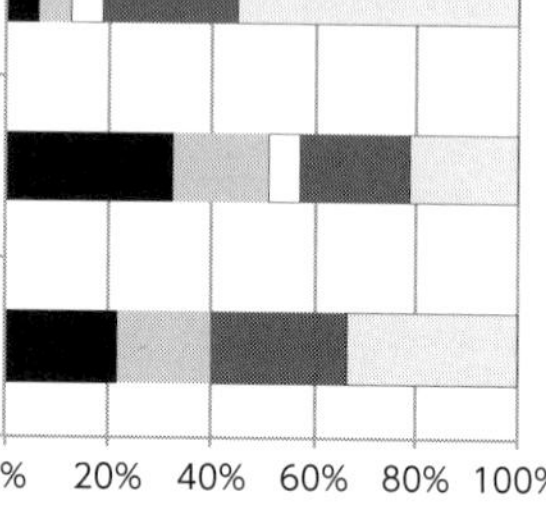

出典：アンケート調査の結果より筆者が作成

図4　メルー国立公園の職場の組織風土に関するKWS職員の意識

ているようでした。実際に、協力隊員である私に対し、「ＪＩＣＡに要望を出したらいろいろもらえるんじゃないか」と持ち掛けてくることが頻繁にありました。

さて、着任当初から私は、準軍事組織であるＫＷＳの職員同士の関係性が気になっていました。この関係性を知ることは、ＰＤＭの各プロジェクトの提案や既存業務の改善に向けた働きかけのやり方を考えるのに役立ちます。上司との関係についての調査項目の結果からは、上司の問題解決能力を高く評価しているとは言えませんが、確固な序列関係が存在する準軍事組織の中で、上司は部下の意見を尊重し理解しようと努めていることが伺えます（図4）。

また、官僚組織では、本庁と出先事務所の関係が重要です。KWSにおいても本部は首都のナイロビにあり、各地方の国立公園は独立採算制といえども、中央集権的な組織間の関係があるように思えました。調査の結果、KWSのナイロビ本部が各公園の運営・管理する権限を強化するべきであると考えている者が八〇・〇％と多いことが特徴的でした。さらに、上司の指示がない限り主体的に動く必要がないと考えている職員が半数以上（五・二％）を占めています。このことは、職員が上司の指示に忠実であることに加え、職員自らが主体的に行動することを拒む傾向を示唆しているといえるでしょう。ただし、KWSの準軍事組織の体制に不満を感じる者は三七・九％と比較的少なく、組織の体質を変えることは容易ではありません。

(5) メルー国立公園の教育部局の取り組みの状況とJOCVの役割

教育部局の主要事業は、メルー国立公園周辺の小学校や集落でのアウトリーチプログラムです。メルー国立公園の二〇〇八年会計年度（二〇〇八年七月一日から二〇〇九年六月三〇日まで）の予算書の計画を見ると、教育部局の具体的な事業として、インハウスプログラムを五六回、またアウトリーチプログラムとして、小学校に七六回およびコミュニティに二〇回巡回指導することとなっていました。このうち、小学校の巡回教育に関しては、メルー北部県の三七三校の小学校（うち、公立は三二二校）のうち、公園からの距離などを考慮して、七六校を選定して実施する計画でした。また、コミュニティに対する巡回指導に関しては、小学校が休みに入る一一月以降に実施する計画でした。実際には、アウトリーチプログラムの実施件数は、計画と比較して非常に少なく（表1）、プログラムの内容の議論の前提として、予算編成の方法、組織としての実施体制や職員の意識などの根本的な問題の解決が課題であると考えられます。

次に、アウトリーチプログラムの具体的な内容について記述します。メルー国立公園は、事前に、公園周辺の車両でのアクセスの容易な小学校に対し、実施時期と希望プログラムに関するアンケート調査票を配布し、後日小学校に出向き回収します。

学校のアウトリーチプログラムは、小学校および一部の高等学校で実施し、コプロ、レンジャーと隊員が参加しますが、カウンターパートでもある教育部長が参加したことは私の任期中には一度もありませんでした。多くの場合、午前と午後で一校ずつ巡回し、効率的に保全教育のサービスを提供することを目指していました。

職員は迷彩柄の制服で小学校に行き、児童に接します。他の国立公園で活躍する隊員と話をすると、迷彩柄は環境教育に相応しくないという意見が多かったです。一方で、意識調査では、職員が制服で小学校を訪問することに対して、否定的に考えている職員は比較的少なかったことは既に述べました。教員や住民の意見も否定的なものは認められず、児童がKWSを就職先として希望するきっかけになるといった肯定的な考え方が優勢を占めています。

プログラムでは、発電機、テレビ、DVDプレーヤーを学校の教室や隣接する教会などの会場に持ち込み、講義およびビデオプログラムの上映を行います。参加する児童の学年は指定しないため、複数の学年の児童が参加し、参加者数も多い時で三〇〇人を超えることがありました（口絵:iiページ参照）。

表2　回答者の属性

学校名	男子	女子	計
Baibariu	8	9	17
Kalimikuu	15	13	28
Ncungulu	6	6	12
Ntuene	18	8	26
Thambiro	22	21	43
Theera	18	21	39
計	87	78	165

年齢	人数
12	13
13	29
14	71
15	35
16	7
17	4
18	6
計	165

出典：アンケート調査の結果より筆者が作成

　プログラム終了後に児童が行う学習内容に対する振り返りについては、当初は何も行っていませんでした。二〇〇七年度から、アウトリーチプログラムに取り組む国立公園で、共通様式の調査票を用いたアンケート調査を実施することとなり、メルー国立公園でも調査が導入されました。ただ、質問の内容は学習の振り返りに限ったものでした。

　私はメルー国立公園でアウトリーチプログラムを実施した小学校において、児童を対象にアウトリーチプログラムの全体的な認識についてのアンケート調査を実施しました。回答者の属性は表2のとおりです。

　まず、図5にプログラムに対する児童の評価の結果を示します。児童の感想から、実施場所や量、難

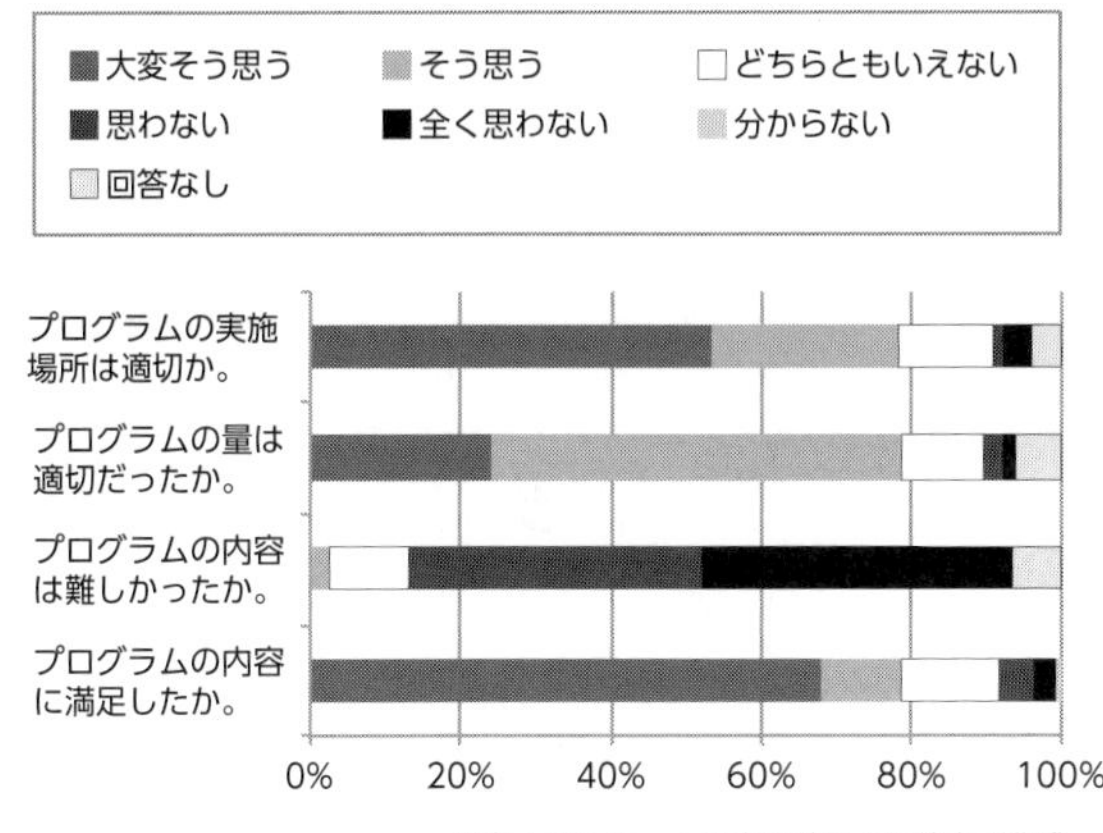

出典：アンケート調査の結果より筆者が作成

図５　プログラムに対する児童の評価

易度、内容について概ね満足していることが分かります。私の着任当初、プログラムの内容は単調であり、複雑な生物学や生態学に関する内容は少なかったです。小学校の児童が対象の場合、小学校での教育体制の不備や児童の発達段階の点から、ある程度は児童の習得レベルの現状に合わせることは仕方がないと思います。ただ、初等教育で野生生物の科学的な理解を育むことが重要です。さらに、次の高等学校の段階で保全教育の充実を図るために、基礎的な知識や能力を養成しておく必要があります。学校の教員はそのような認識を共有するべきでしょう。

さらに、保全教育の効果を高めるための課題について、私が日本の環境教育の取り組み状況との比較を通して認識できたこととして、

・アウトリーチプログラムの内容の中に生徒の主体的な議論の時間および生徒主体の振り返り、感想や意見の共有の機会がないこと
・参加者数が教員やスタッフの人数に対して多すぎること
・参加者に園児から高学年の児童までが含まれ年齢層が広すぎること
・多くの児童が教室に筆記用具を持ってこないこと

などが挙げられます。

これらの課題は、私が実際にアウトリーチプログラムに参加して感じ、その都度、同僚に伝えてきました。その結果、これらの課題は少しずつ改善されてきたように感じました。アウトリーチプログラムは児童に野生生物の大切さを考えてもらうきっかけを与えるヒューマンサービスであると私は思います。日本であれ、途上国での活動であれ、直接、口頭で同僚と課題について話し合うことは、組織のヒューマンサービスの質を改善する上で、基本となるものです。

また、アンケート調査の結果から、次回の実施場所の希望に関しては、メルー国立公園が五二・七％と多く、学校はわずか九％と少なかったこと、屋内での実施を希望する児童が五八％と多かったことなどから（表3）、教育センターの活用が期待されました。ただ、バスを所有している小学校がほとんどないため、児童の移動手段の確保に対する支援は、教育センターの活用を通した児童に対する保全意識の促進に向けて重要です。一部の高等学校は、バスを所有しているため、私の任期中に何回も教育センターを訪れるケースがありましたが、地域の貴重な移動手段として学校間でのバスの貸し借りは容易ではありませんでした。ただ、もう少しお節介なくらいバスの貸し借りの調整役を買って出ても良かったのではないかと今になって思うこともあります。

さて、児童が希望するプログラムのテーマは、「野生動物の保全」だけではなく、各テーマに希望が分散していました（表3）。このことから、児童の興味の対象は、同じ環境問題の中でもさまざまであることが分かります。なお、今回の調査では、教員が取り組んでいる環境教育のテーマは、環境汚染対策（ブラウンイシュー）および

表３　各設問に対する児童の回答

次回はどのようなテーマを希望するか。

項目	人数	割合 (%)
自然環境の保全	37	22.4
大気・水質・土壌の汚染	29	17.6
地球環境問題	28	17.0
観光	22	13.3
野生動物の保全	16	9.7
農薬	12	7.3
ごみ問題	4	2.4
その他	5	3.0
無回答	12	7.3

どれくらいの頻度で実施してほしいか。

項目	人数	割合 (%)
一週間に１回	90	54.5
一月に１回	28	17.0
半年に１回	4	2.4
一年に１回	41	24.8
無回答	2	1.2

次回はどの場所で実施してほしいか。

項目	人数	割合 (%)
メルー国立公園	87	52.7
他の国立公園・国定保護区	47	28.5
学校	15	9.1
保護区以外の屋外	8	4.8
無回答	8	4.8

屋内または屋外のどちらが良いか。

項目	人数	割合 (%)
屋外	34	20.6
屋内	96	58.2
無回答	35	21.2

今回のようなプログラムに参加したことがあるか。

項目	人数	割合 (%)
はい	54	32.7
いいえ	92	55.8
無回答	19	11.5

出典：アンケート調査の結果より筆者が作成

生態系保全（グリーンイシュー）の二分野について、両方とも取り組んでいる学校の割合が八八％と多く、そのうち生態系保全が環境汚染対策よりも回答者数が多い学校の割合が四八％と半数を占めていることが確認されています。

ところで、隊員に期待される役割は何でしょうか。先述の新田氏の指摘にあるとおり、児童の関心が野生動物の経済的な価値に偏りがちな傾向があります。このことを踏まえると、隊員の役割の一つに、科学的な観点から野生動物について学ぶことができるよう同僚と学習内容を検討することが挙げられます。メルー国立公園では、事前の各小学校の教員へのアンケートで、「自然環境の保全」「観光」「野生動物の保全」のテーマから一つを選択することで、プログラムのテーマを決定していました。教員対象のアンケート調査の結果から、教員が、通常の授業の中で、環境汚染対策や「地球環境問題」などのテーマに取り組む際の課題として教育手法の理解と実践が挙げられています。したがって、保全教育のテーマにおいて教員が実践可能な教育手法を導入し紹介することは、隊員が取り組むべき課題であるといえるでしょう。

私の場合、環境教育手法について英語で図表を交えて解説した『ティーチャーズ・ガイド』をＪＩＣＡの現地業務費の支援を受けて作成し、二〇一〇年二月には二〇〇部をメルー国立公園の周辺校に配布しました。二〇〇九年八月に作成を始め、シニアワーデンに巻頭言を書いてもらい、印刷会社との度重なる修正のやり取りを経て、六ヶ月が経過していました。もう少し早くから作成を始めていたら、活動で活用する時間がもっとあったのにと思う読者の方もおられるかもしれません。活動を始める前から学校用教材のアイデアがあり、印刷会社とのやり取りで手こずらなければ、『ティーチャーズ・ガイド』を用いたアウトリーチプログラムをたくさん行うことができたことでしょう。

環境教育の学習効果を高めるためにはプログラムの実施頻度を高めることが重要です。アンケート調査の結果では、児童が希望するプログラムの実施頻度は、一週間に一回が半数以上（五四・五％）を占め、一ヶ月に一回も一七・〇％と比較的多いことが分かりました（表3）。しかし、予算編成段階の年間計画では、メルー北部県の三七三校の小学校のうちわずか二〇・〇％が対象であり、公園からの距離が遠い小学校は対象に含まれていませんでした。さらに過去に同様のプログラムに参加した児童が三二・七％と比較的多いことが示されました。したがって、平等性の観点からも、公園からの距離に関わらず、できるだけ多くの小学校に均等かつ計画的にアウトリーチプログラムのサービスを提供できるように隊員が同僚や上司に働きかけることが求められます。私の場合、公園から離れた小学校の中からアウトリーチプログラムを希望する学校を調べ、カウンターパートや同僚を説得し、日程調整まで自分で行なうことにより、三校だけですが実施にこぎつけました。また、PDMで計画したように、メルー北部県のすべての小学校にニュースレターを定期的に郵送で配信しました。

次に集落で実施する住民対象のアウトリーチプログラムについて調査結果をみてみましょう。多くの職員は、住民との交流が必要であると考えています（図2）。しかし、通常業務の中では交流の機会が限定されているため、アウトリーチプログラムは教育部局の職員が集落に出向き、直接住民と交流する重要なプログラムといえます。

住民対象のプログラムは、プロジェクターとDVDを用いて、KWSの紹介や獣害対策、食物連鎖などを取り上げた映像を流すため、夜間に実施する場合がほとんどでした。場所は、集落の目抜き通りに隣接する広場など、住民が集まりやすい場所を選択しました。

プログラムでは、まず、職員の自己紹介の後、ＫＷＳの獣害対策や地域住民との協働の取り組みについて口頭で説明し、すぐに映像を流し始めることが多いです。スクリーンの前に集まる参加者の過半は一〇代の若年です。彼らが歓声を上げながら映像に見入る状況はたびたび確認されました。私が実施した別のアンケート調査の結果から、メルー国立公園周辺の地域住民の多くは、男女や年齢を問わず、メルー国立公園が実施する保全教育の巡回指導に参加したいと考えていることが明らかになりました。したがって、参加者の性別や年齢構成に偏りがないように事前の効果的な告知が必要であり、そのための工夫や実践が職員に求められました。

ただ、教育部局の職員の中には、アウトリーチプログラムの意義はＫＷＳおよびメルー国立公園の印象を良くし、住民との関係を改善することと安易に考えている者もいました。本稿のアンケートの結果からも、多くの職員が、住民が獣害の責任の一部を負うべきであると考えていることが明らかになりました。一方で、住民が観光の恩恵をメルー国立公園から受けてこなかったことを多くの職員が認識していることが示されたといえます。

ロジカル・フレームワーク・アプローチに基づいて策定されたMCA管理計画では、住民対象のアウトリーチプログラムは普及啓発および教育の手段として位置づけられています。KWS職員および隊員がMCA管理計画を熟知し、アウトリーチプログラムの目的をMCA管理計画のLFAに基づいて共通認識することが効果的にプログラムを実施するために重要であると考えられます。

私の任期後半のアウトリーチプログラムでは、大学および専門学校を卒業している教育部局のレンジャーの同僚が生態学や観光、KWSの政策などに関する高い知識を生かし、精力的に講義に取り組む姿が見られるようになりました。しかし、他部局で車両が必要な場合に教育部局の所有する車輌が借用されるケースが多く、メルー国立公園の職員のアウトリーチプログラムの重要性に対する認識は、密猟対策やツーリズムなど他の取り組みと比較すると決して高くはないと感じました。

アウトリーチプログラムと同様に、コミュニティ部局が所管する地域協議会等もMCA管理計画に盛り込まれています。そのため、メルー国立公園において、ロジカル・

フレームワーク・アプローチに基づく普及啓発活動のツールとして両者の進捗管理と適切な実施を推進する強い意識を持ち、指導力を有する職員の存在が不可欠です。

まとめ

ケニアは政権交代後の二〇〇三年に、初等教育無償化政策を導入した後、就学率の大幅な改善を見せました。しかし、急速な児童の増加は校舎、教材の不足、教員配置などの問題を顕在化させたことも事実です。このような状況においても、KWSのアウトリーチプログラムを通した保全教育の取り組みは継続的に推進する必要があります。

KWS職員の保全教育全体に対する認識は比較的高いようですが、業務に対する主体性の発揮が不十分であること、および燃料や車両の確保、部局間の連携などが十分に達成されていないなどの理由により、国立公園周辺の地域を対象とした保全教育は質量ともに課題が多いと考えられます。

タンザニアおよびウガンダにおける一〇のコミュニティで行われた小学校児童対象

の環境教育プログラムに関する児童や教員、住民に対するインタビュー調査の結果では、プログラムの導入により、保全に関する知識が高まり、参加者の社会性を発達させ、住民全体に対する啓発が達成されたことが示され、環境教育の成果として、背景にある要素（contextual factors）を評価することの重要性が指摘されました。本稿で整理した隊員の配属先を取り巻く課題については、隊員の派遣の際に十分把握した上で、それらの課題が隊員の活動によりどの程度解決されたかを検証する必要があるでしょう。

メル－国立公園では、ＭＣＡ管理計画のように体系的に整理された計画が存在し、ＳＯＷＣＥプロジェクトやＭＣＡＤＰの支援による恩恵を受けてきました。しかし、地域協議会というＫＷＳと住民をつなぐ重要なパイプ役の組織は存在するものの十分に機能しておらず、職員の計画や支援の内容に対する認識が低いことも課題でした。隊員については、隊員自身が任国に派遣されるまでの間に、配属先や周辺地域の現状を把握することは困難であり、ＪＩＣＡが上記の内容を含めた現状について十分に調査を実施し、その上で、隊員を配置する部局や職位などを決め、バスや燃料等といった技術移転活動の必要条件を整備することが求められます。

本稿で調査地としたメルー国立公園のように、既存の計画の中に、配属先が隊員に期待する取り組みの内容が盛り込まれているケースでは、職員の計画に対する認識を高めることが必要です。計画が住民参加で策定されたにもかかわらず、住民の参加が継続していない場合には、隊員のロジカル・フレームワーク・アプローチでの位置づけをＪＩＣＡが検討することも重要です。そのようにすることで、隊員は住民参加を継続させ、既存の計画に対する職員の認識を高めることも期待されます。そして、このことがＭＣＡ管理計画に基づいた普及啓発および教育を目的としたアウトリーチプログラムの実現に資すると考えられます。

一方で、隊員に求められる役割として、アウトリーチプログラムやインハウスプログラムにおいて、日本人の視点で解決すべき課題を確認し、日本の取り組みを踏まえた解決策の提案と実践を行うことが挙げられます。メルー国立公園の場合、児童の科学的な理解を育むプログラムの提案、年齢層や参加者数を配慮し学習効果を高めることと、アウトリーチプログラムの実施校の公平な拡大に対する教育部局の職員の意欲を高めることなど、現場主義の取り組みが求められるといえます。このような、現地に長期滞在し、じっくりと課題や人々に向き合う取り組みは国際協力ならではの経験であり、その意義はポストコロナの時代にますます大きくなると思います。

注

(1) Wildlife (Conservation and Management) Actの3Eでは、KWSの職員の階級を以下のとおり定めている。
1)Officers of Field Rank：①Director、②Senior Deputy Director、③Deputy Director、④Senior Assistant Director、⑤Assistant Director、⑥Senior Warden、2)Senior Officers: ①Warden I、②Warden II、3)Junior Officers: ①Assistant Warden I、②Assistant Warden II、③Assistant Warden III、④Field Assistant、4)Rangers: ①Ranger Sergeant Major、②Senior Sergeant、③Sergeant、④Corporal、⑤Ranger, http://www.kenyalaw.org/klr/index.php

(2) 本研究が依拠するデータは、職員に対して実施したアンケート調査の結果に加え、二〇〇八年六月から二〇一〇年六月までの二年間にわたり、筆者がJICAに提出したボランティア報告書（計五回）、業務日誌および活動を通じて得た一次資料である。なお、ボランティア報告書は、JICA研究所の図書館で閲覧可能である。

3. 環境教育分科会

(1) ケニアの分科会、環境教育分科会の概要

ケニアのＪＯＣＶで環境教育分科会が設立したのは、二〇〇七年五月です。その背景としては、ケニアでの環境教育隊員の派遣が一〇年以上経過したにも関わらず、隊員間・配属先間で、環境保全や環境教育に有用な情報を共有するような取組みが行われてこなかったことが指摘されていました。

私が派遣された当時の環境分科会規約では、環境教育分科会の目的を次のように定めています。

「環境教育分科会は、環境教育に関わるＪＩＣＡボランティア、配属先、およびその他の環境関連組織において、環境に関わる情報・技術を収集・共有すること、組織間の相互の知識を深めること、連携の構築と強化によって各々が効果的な活動を実施

マリンディの分科会では
隊員の親睦も深まった。

することを目的とする。」

環境教育分科会の活動に参加することにより、①分科会活動に伴うイベントの予算を現地業務費として申請できる、②各隊員からこれまでの経験、情報を引き出しやすい、③ケニアにおける普遍的な環境問題に協力して取り組める、④隊員が国内各地にいるので環境の地域差などを理解し、利用できる、など活動の幅が広がります。

(2) 最初の分科会の活動地はマリンディ

私にとって、最初の分科会の活動の地は、インド洋に面したマリンディという美しい町でした。環境教育隊員の配属先であるKWSおよび「ケニア野生生物クラブ」(Wildlife Clubs of Kenya = WCK)の共催で行われる環境教育イベントを見学するというもので、先輩隊員の活動の様子を知る良い機会となり、私のその後の活動においてとても参考になる内容となりました。

二〇〇八年一〇月一六日に長距離バスでナイロビからマリンディに向かいました。その時、初めて訪問したケニア東部地域を車窓から眺め、とても感慨深かったことを思い出します。その時の日記には次のように書かれています。

「六時起床で八時発のマリンディ行きの長距離バスに乗った。通路を挟んで隣の席には、手の平と甲に赤紫色のタトゥーをした女性が聖書を読んでおり、よく見ると指の先端、爪の裏も赤紫色に染まっている。隊員に聞いてみると、宗教上の理由で色を塗っているだけだという。

一一時頃になると、灌木が点在し、アリ塚が目立つ草原が両側に広がるサバンナに入り、しばらく単調な景観が続いた。

一二時前にイマリ（Emali）という町に到着したが、その直前から急に道路の状態が良くなり、バスのスピードも上がったように思う。道路沿いの市場では、高く積まれた玉ねぎがやけに目立つことが気になったが、ちょうど収穫期なのだろうか。一時半頃に休憩があり、そこで串焼きを注文し時間がなかったので車内に持ち込んで食べた。一四時頃、KWSのトレーニング場のあるマニャニ（Munyuni）を通過した。この辺りまで来るとバオバブの木が目立つが、パイナップル畑に点在するバオバブの風景を写真に収めることができなかったのが残念だ。結局、マリンディに到着した時には午後七時を回っていた。」

(3) マリンディでの活動

二〇〇八年一〇月一七日

マリンディの海岸で子どもたちにプログラムを体験してもらいました。当日、六時半に起床し、八時頃ビーチに出てネイチャーゲームの参加者である子どもたちの到着を待ちました。九時過ぎに二校の約三〇名の子どもたちが到着し、いよいよケニアの海辺での自然体験活動が始まります。

ネイチャーゲームは、KWSとWCKの共催で行われ、それぞれで活動する環境教育隊員二名が主要スタッフとして参加するものでした。実施するネイチャーゲームは、最初にアイスブレーキングとしてワイルド・アニマル・スクランブル、次にウェブ・オブ・ライフ、フィールドビンゴの順番で行いました。

ワイルド・アニマル・スクランブルは自分の背中に貼った紙に描かれた動物を当てるゲームで、参加者はイエスかノーで答えられる質問をして、自分がどの動物か類推していくというものです。ここでは子どもたちを三組に分けて行いました。最初に隊員とKWS職員が内容を説明し、質疑応答の後、スタッフが子どもたちの背中に動物を描いた紙を掛けていきました。説明の際はケニア人の職員によるスワヒリ語の解説が子どもたちに分かりやすく大変助けられました。私は、隊員として環境教育に関わる上で、英語よりもスワヒリ語を勉強しておいた方が良いという示唆を得ました。

次のウェブ・オブ・ライフは、各種の動物の描かれた紙を持った子どもたちが円になり、紐を自分と関係する動物を演じる人に手渡していき、食物網のつながりを体感するというものでした。最初に海と陸の二組に分けて、それぞれ職員と隊員が趣旨を説明しました。動物を描いた紙は先生が子どもたちに手渡していきました。ゲーム終了後、スタッフが子どもたちに感想を問いかけていましたが、「生きものの大切さが分かった」「海には多くの生物がいる」といった模範的な回答しか得られず、どこまで彼らが食物連鎖の重要性を実感できたのか疑問が残りました。

最後のフィールドビンゴでは、A～Eの五組に分かれて、各グループごとに磯で色、形、においなどを手掛かりに生物を見つけ出すものです。振り返ると、このビンゴの時間が最も子どもたちの表情が生き生きしていたように思います。子どもたちの中には長ズボンの裾を捲りあげて海に入るものもいました。特に、ウツボやカニを必至に穴から引き出そうと鉛筆を突っ込んでいる姿が印象に残りました。ウェブ・オブ・ライフと比べても、子どもたちが自由に五感を使って楽しむことができますし、主体性が強く感じられました。

マリンディの活動全体を通して振り返ると、二名の隊員による実演を交えた説明がとても分かりやすかったです。私も自然体験活動に関わる回数をどんどん増やして、先輩隊員のようにコミュニケーション能力を身に付けたいと思いました。任地で活動を始めて二ヶ月あまりの時期に、この二人の活動する様子を直接見たことは、その後の活動の進め方に大きな影響を与えました。具体的には私の活動で地元のカシシネ小学校を環境教育モデル校に指定した後、〝遊び〟の要素を取り入れた自然体験の実践などにつながりました。これからJOCVに挑戦される方は、着任後、早めに隊員の活動を見学することをお勧めします。私の場合、分科会の存在が早い段階で先輩隊員の活動から学ぶきっかけを与えてくれました。

(4) HAKENプログラム

当時のＪＩＣＡケニア事務所の方針では、年間二回、隊員総会を開催することとなっていました。二〇〇九年六月の総会では、環境教育分科会は「隊員が活動する学校等施設への環境教育プログラム」の要請を受けました。その後、分科会内で検討の結果、分科会活動として「ＨＡＫＥＮプログラム」を実施していくことを決定しました。さらに、同年七月四日には、ＪＯＣＶのメーリングリストを通して、ケニアで活動中の隊員に当プログラムの内容を次のとおり通知しました。

〈目標〉

ケニアボランティア隊員の配属先と環境教育に関する情報・技術を共有し、普及することである。要請に関しては、以下の条件、および流れで行うこととする。

〈条件〉

・実施対象は隊員が実際に活動する学校等施設の人々であり、隊員自身が活動先においての環境教育プログラム実施に関心があること。

・開催に当たり、学校・施設等の責任者から理解と協力が得られる状況にあること。また一回限りのイベントではなく、当地隊員による継続的なサポートができる状況が望ましい。
・交通費やプログラム実施に関する費用は、プログラムを実施する環境教育分科会会員が負担することを原則とする。

〈要請の流れ〉

(1) 開催したい旨を、近くの環境分科会メンバーまでご連絡いただく。その際、場所、日程、対象年齢、人数、使用可能な設備、実施場所における環境の問題点などを伝える。
(2) 環境分科会内で検討の上、プログラム内容、派遣メンバーを決定。
(3) 派遣担当者と要請隊員の間で詳細、スケジュール等を確認。
(4) 環境教育プログラムを実施。

二〇一〇年一月一九日には、同年二月二七日開催予定の当プログラムを告知するために、メルー国立公園の幹部数名に案内文を送付しました。分科会の規約にあるように、配属先の職員の能力向上も分科会の目的に含まれているのです。もし彼らに少しでもやる気があれば参加を検討するであろう、と当時の私は考えていました。実際には、私の任期中に実施した当プログラムでは、配属先の同僚たちは一度も参加しませんでした。不参加の理由として、私の伝え方に何らかの問題があり、カウンターパートや同僚が環境教育の質を高める意義を理解することができなかったことが考えられました。あるいは、組織風土や職員の態度を変えていくには隊員のたった二年間の任期は短か過ぎるのかもしれませんが、隊員としては日々あきらめずに向き合うことが大切なのではないでしょうか。

(5) HAKENプログラム――ムンブニガールズハイスクール（マチャコス）

一回目のプログラムは、二〇一〇年二月二七日に理数科隊員が活動するムンブニガールズハイスクールで実施しました。テーマは「ごみ問題」でした。

マチャコスは、ナイロビが誕生するより一〇年以上前に、イギリス政府（Imperial

British East Africa Company）により、内陸部の商業、流通に関する拠点都市として重要視されていました。マチャコスは、カンバ族の地域で、その時代、カンバ族は、沿岸地域のスワヒリ民族と内陸部のマサイやキクユ族の間の調整役を担える民族として知られていました。特にウガンダ鉄道をモンバサ、ビクトリア湖間で建設する際には労働力として期待されていたようです。

まず、活動前にＦ隊員、Ａ隊員とともに、職員室に行って教員のみなさんに挨拶しました。そこでは、ジャガイモと肉の入ったスープをごはんにかけたような料理をいただきました。ケニアでは、これは〝おもてなし〟なのです。

そのあと、講堂に移動し、壁新聞を壁に貼り付けようとしましたが、テープの粘着力が極端に弱かったため、テーブルの上に置くこととしました。このような商品の質に伴う予想外のハプニングは任期中に頻発しました。

いよいよ、生徒たちとの交流が始まります。Ｆ隊員が講義を始め、途中から私が交代して行いました。途中で、地球温暖化を取り上げた映画「不都合な真実」の一部を上映し、温暖化のメカニズムの説明を行いました。スピーカーの音量が小さかった

壁新聞の発表を行う生徒たち。

ため、ハンドマイクも使って音量を増やしましたが、それでも音が小さかったように感じました。英語字幕があったので、生徒の多くは理解できたのではないかと思いましたが、なかなか期待通りには進まないものです。

講義の後、四名の生徒に前に出てきてもらい、分別回収のデモンストレーションを行いました。菓子類の紙箱の中にプラスチックが入っていたり、カンの回りに紙がまきつけられている場合にそれらを分けて集めることを私たちは説明しました。

生徒の多くはペットボトルの分別の意味が分からないようでした。そのため、ペットボトルはすべてプラスチックの場所に置かれており、ペットボトルに該当するものが存在しない状態になりました。そもそも、ケニアと日本ではゴミの流通システムが全く違います。そのため、私たちはペットボトルを特別に扱う意味を説明することはしませんでした。

ちなみに、ペットボトルは和製英語です。「ＰＥＴ」は PolyEthylene Terephthalate の大文字の部分をつなげた略号で、plastic bottle の原材料を示します。英語で説明する際は、和製英語に注意が必要です。

次に、壁新聞の作成に進みました。まず、全生徒に壁新聞の説明を行い、各教室に戻ってもらい、四名の隊員がそれぞれの担当するクラスに移動しました。壁新聞の作成は、午後五時半から生徒は夕食を摂り始めるため、午後五時まで行うこととなりました。隊員は一人、二クラスを担当することになりました。

私の担当は、三年生と四年生のクラスで、二つの教室を頻繁に移動する必要がありました。特に四年生は、宿題をやっている生徒が多く、みんなで壁新聞の内容について議論するように言ってもなかなか聞いてくれません。宿題に熱中して新聞の作成に全く取り組まない生徒がいる一方で、協力的な生徒もいました。このように、生徒によって態度はさまざまなのですが、概して〝日本式〟の班行動やグループワークに不慣れな面もあるように感じました。また、基本的には、隊員が講義で説明した内容やビデオでの説明はよく覚えており、それを忠実に壁新聞に書き込んでいました。一方で、生徒たちの独創的な考え方やアイデアが見られないことが気になりました。

午後四時半頃になって、四年生にはとりあえずできかけの壁新聞を壁に張るように指示を出し、三年生の教室に移動して、すぐに発表を始めました。結局、三年生のクラスでは何とか計画通りにプログラムを終えることができたのです。反省点は四年生の宿題の負担を事前に把握しておくべきだったことですが、コミュニケーションの問題は、二年間では解決できるものではありません。むしろ、このような時に必要な臨機応変な柔軟性を養うことが大切です。

午後五時に壁新聞のプログラムを終了し、私たちはいったん隊員の家に戻りました。少し休憩してから、六時四五分から生徒を講堂に集め、日本紹介の講義や映画「ウォーターボーイズ」の上映、日本のＪ－ＰＯＰの紹介などを行いました。生徒は、これまでのプログラムとは態度が一転し、興味津々。音楽の紹介の際は、映像で流れるＫＡＴ‐ＴＵＮのダンスに対抗するように数名の生徒がケニア風のダンスをしていました。

第三章

環境教育と地域づくりの実践

1．私の羅針盤―プロジェクト・デザイン・マトリックス

ここからは私の具体的な活動についてご紹介します。まず、メルー国立公園に配属後すぐに、活動前から活用を意識していたプロジェクト・デザイン・マトリックス（Project Design Matrix ＝ ＰＤＭ）の作成に取り組みました。ＰＤＭは環境教育隊員の派遣前訓練で学んだ手法の一つで、プロジェクトの主な構成要素とその論理構成を一つの表にまとめた概要表のことです。私はＰＤＭについて、隊員が配属先の上司や同僚と継続してコミュニケーションを図るツールとして活用できると考えていました。私の場合、メルー国立公園の図書室の資料をむさぼるように読み、特にメルー保護区の中長期計画（Meru Conservation Area Management Plan）を参考にしながら、現地での保全教育の課題に対応させながら二年間に実践するプロジェクトを整理しました。少し時間がかかりましたが、二〇〇八年の一二月末、私は二年間の活動計画を

PDMの作成手順（例：橋をつくる）

PDMの作成とは、計画の具体的な内容を詰めていくことです。計画に必要な以下の項目について、グループで話し合いながら決めていきます。

1. プロジェクト名

活動の目的が分かるような名前を付けます。

2. 目的

この場合、橋をつくる。グループの皆が協力して完成する物や内容のことです。

3. 期間

橋をつくるまで半年とします。いつから開始し、いつ終えるかハッキリさせます。

4 効果（上位目標）

橋をつくるとどのようないいことが起こるか、そのいいことは多くの人に望まれていることで、グループ全員が賛成する内容とします。例えば、橋ができると、隣村に行くのに時間が半分で済む、などです。

5. 成果

どうやって橋をつくっていくか、大体の手順を決めます。

- 測量する
- 設計図をつくる
- 材料を集める
- 土台をつくる
- 木を加工する
- 横板を渡す、等

6. 活動

大まかな手順にそって、具体的に何をするか、いつまでにするか、誰がするか、話し合い決めます。ここで日程を考えます。

例えば、「測量する」の具体的な作業は、川の水位を測る、川幅を測る、川の昔の記録を調べる、目印の杭を立てる、などです。

7. 投入

「6. 活動」で必要な物やお金、手伝ってくれる人を決めます。
例：測量するのに必要な物、人：測量機器、ポール、
測量技術者１人、手伝い３人

8. 外部条件

参考：小中学校教員用副読本「開発教育・国際理解教育ハンドブック」（財団法人 国際協力推進協会）

ＰＤＭの形式でまとめ上げ、ある種の宣言ともいえる計画を公園長および教育部長のルーシーに提出しました。

二〇〇九年一月九日、ＰＤＭの計画をルーシーに説明することになりました。既に計画書は彼女に提出していましたが、口頭での説明は初めてでした。それまでの期間、ルーシーが長期休暇やイタリアへの海外出張で公園内にいなかったり、同僚から放置されているように感じることもあったため、私はなおさら意気込んで説明したことを懐かしく思います。

その日の朝、八時過ぎに教育部局の専属ドライバーであるムヤが家にやってきて、教育センターの鍵を渡してくれました。私は教育センターに行き事務作業をしていると、一〇時頃ルーシーが来て、予算をナイロビ本部に申請するために私の活動計画を知りたいと言ってきました。彼女は私を組織の一員として受け入れようとしているからこそ、私の活動に予算を充てようとしてくれているんだ、と私は嬉しく思いました。

ＰＤＭの内容を整理すると、プログラムは大きく「環境教育」「地域づくり」という二つのグループに分けることができ、次のようなプログラムを盛り込みました。

作成したプロジェクト・デザイン・マトリックスの内容

既存の KWS 中期戦略計画		隊員の提案による新たな企画
（学校） アウトリーチプログラム ・対象を孤児院に拡大 ・アンケート調査による分析 インハウスプログラム ・展示ポスターの作成 ガイド付きツアー	⟷ 両立して取り組む	（学校） モデルスクールプロジェクト ・ネイチャーゲームの導入 ・環境壁新聞、テレビ会議による国際理解教育 ・『ティーチャーズ・ガイド』の作成：200 部を地域の小学校に配布 情報発信 ・地域の学校にニュースレターを郵送 ・校長会議に参加し活動を報告 ・ケニアの日刊紙に活動を掲載
（集落） アウトリーチプログラム	⟷	（集落） アンケート調査による住民意識の把握 エコミュージアムの導入 野生生物保全自治憲章の策定に向けた活動 エコビジネスコンテスト ・ムレラ木工教室の実践 CCC、CCF の活性化 養蚕の振興、獣害対策アドバイザーの養成など情報発信 ・ポスター、パンフレットの作成 ・ケニアの日刊紙に活動を掲載 ・国立博物館の会報に掲載
		（日本への情報発信） メルーレポート ・隔月で職場の同僚や友人・知人にメールで送付 日本の日刊紙 JICA の広報媒体 ・月刊誌『クロスロード』に記事投稿 ・JICA 大阪のウエブサイトに記事掲載

まず、「環境教育」についてです。メルー国立公園が行っている環境教育は、アウトリーチプログラムの実施頻度が低いため、効果的に進んでいるとは考えられませんでした。同僚に理由を聞くと、公用車の故障、燃料の不足などともっともらしく話してくれたのですが、根本的な理由は、同僚や幹部が環境教育の必要性や方法を理解できていないことではないかと私はいつも考えていました。さらに私は、教育センターから最も近く徒歩で移動可能なカシシネ小学校を度々訪問し、環境教育の実践について教員の方々からの要望を聞いていました。そのため、教育部局の同僚が環境教育に関わりながら、知識を深め、スキルを身に付ける機会を提供するために、環境教育モデル校のプログラムを提案しました。

次に、「地域づくり」については、後述するエコミュージアムの他、地域活性化に関係するプログラムがいくつかあります。「野生生物保全自治憲章」は、住民自治に基づく自治体運営の基本原則を定めたわが国の「自治基本条例」の野生生物保全バージョンのようなものです。要するに、行政ではなく、地域住民が主体となり、地域の野生生物保全に向けたルールや枠組みを考えるためのツールと考えました。自治憲章の策定では、集落会議や個別訪問を通して、地域住民からの意見聴取を繰り返し行いました。その際、エコミュージアムの概念や必要性の説明も行うことが多かったです。

一方、「エコビジネスコンテスト」は、自然環境の保全につながるビジネスのアイデアを競い合う公募制のコンテストです。地域社会に眠っている多くの発想や夢をアウトプットした上で、いくつかの実現を支援していくものです。エコミュージアムやその他の地域活性化に関連するこれらのプログラムを実施することは、①日本人という外部の人間の視点を活用すること、②私自身が地域の潜在的な魅力や資源を知る機会となることといった活動上の意義があると考えました。

ＰＤＭに描いたいくつものプロジェクトでは、それぞれ目標を可能な限り明確化しました。また、明確なプロジェクトを打ち立て、プロジェクトを実現していく過程で、地域住民とともに考える時間が生まれてきました。さらにＰＤＭという羅針盤を持って舵取りを行うことにより、活動の軸と方向性をいつも明確に保つことができます。この考え方は、私の日本での本業である林業振興に向けた普及指導においても常日頃大切にしています。

さて、私がルーシーに説明した際の感触では、私の提案はKWSが主体となる活動としてはあまり歓迎されていないのではないかと思いました。ただ、その時の私は、KWSだけではなく、住民や市民団体を味方につければ、なんとかプロジェクトを遂行することができると思い込んでいました。そして、どんな手段を使ってでも、この計画を実行に移していきたい、という強い思いに当時の私はとらわれていたように感じます。もちろん、配属先の同僚と一緒に行動することの必要性や重要性は頭では分かっていました。ただ、それよりも、協力隊の任期である二年間に自分らしく目的地に到達するための特別な羅針盤を信じることにしました。

2. 活動のキーワードは「信頼」

私は、ケニア滞在中にさまざまな立場の人々にお世話になりました。メルー国立公園の教育部局の同僚であったルーシー、トゥワリブ、キメトー、住み込みで家事を手伝ってもらったムティンダ、メルー国立公園周辺で地域活性化の取り組みを一緒に進めた、ジョセフ、マカ、アダン、ビクトリア、そして、ケニア国内の異なる地域で同時期に活動していた青年海外協力隊の隊員たち。「衆人皆師」という言葉の通り、私は任期の間に多くのことを学ばせてもらいました。

私はケニアで活動することが決まってから、二年間の活動を通してどのように地元の人々とのつながりをつくっていこうか楽しみにしていました。現実には、携帯電話で着信履歴だけ残して相手に電話させたり（いわゆる〝ワンギリ〟）、約束の時間に平気な顔で遅れてきたり、時には無断で約束をすっぽかしたりと、不信感を抱いてしまう人々に数多く出会いました。このような時に腹を立てて怒れば、「なぜ怒ってる？」「もっと寛容になった方がいい」などとなだめられ、私の方が悪者にされてしまうこともありました。さらに、日本にいてもよくあることですが、日本人の私とケニア人の間でも、馬が合う人もいれば、合わない人もいるのです。

このように、信頼できるケニア人に出会うことは簡単ではありません。ただ、今、任地での地域づくりの活動を振り返ると、地域づくりを展開していく上で最初に重要なことは、信頼できるチームメートを見つけることであると思います。

ここでご紹介できるのは、私がお世話になったケニアの人々のごく一部に過ぎません。ただ、この本では環境教育の活動に焦点を当てていることから、人物像を知っていただくことは、本書に書いた活動の展開を理解する上で一助となることでしょう。なお、ケニアの人々は他人の年齢を気にすることが少なく私も彼らの年齢を確認することがほとんどありませんでした。そのため、これから紹介する人物の年齢についても確認しておりません。

(1) メルー国立公園

①ルーシー

私は、メルー国立公園の教育部で、教育部長のルーシー、その部下のトゥワリブおよびキメトと一緒に働いていました。私の隊員としての活動の基本は彼らと一緒にKWS中期戦略計画にあるアウトリーチプログラムなどに取り組むことでした。ここでは、ルーシーについて紹介します。

ムレラ教育センターで働くルーシー。

幼い頃から野生生物に興味があった彼女は、高校を卒業後、九ヶ月の準軍事訓練を受け、一九九二年にＫＷＳに採用されました。最初の二年間、チュルヒルズ国立公園で勤務した後、一九九八年まで休職し大学で野生生物管理の勉強をしたそうです。その後、ツァボ西国立公園を経て、二〇〇八年より、メルー国立公園で勤務しています。

彼女は、各公園で観光、調査研究、コミュニティおよび教育といった複数の部門にかかわってきました。また、ＫＷＳの野生動物への対応に反対する一部の周辺住民に対してどのようにサポートしていくかは今後のＫＷＳの重要な課題であると強く認識しているそうです。そのため今後、自らが野生生物保全の分野で上級職に立ち、政策の運営に関わっていくことが目標であると彼女は考えていました。

ところで、KWSでは、マニャニという町にある施設で九ヵ月間の準軍事的な訓練を受け、各職場に配属されます。その成果もあってか、メルー国立公園でも職位および階級による上下関係が明確です。活動時の私の目には、ワーデンという教育部で最上位の職位を持つルーシーに対しては、同僚のトゥワリブやキメトーは絶対服従の姿勢を徹底しているように映りました。さらに、上司の要求に従って仕事をするため、ルーシーから指示がない時は二人の同僚が手持無沙汰で全く仕事をしない時も多々ありました。ただ、前向きにとらえると、上司の意欲と能力が高ければ、組織をうまくまとめ上げる可能性があるということでしょう。実際に彼女が職場にいる時は、同僚たちは彼女を「マダム」と呼び、ピリッと仕事をこなしているように見えました。

彼女は軍事的な組織体制を気にかけてか、常に現場で働く部下と同じ目線に立ち、部下が意見を出せるような環境づくりを心がけているといいます。実際に、イベントの後にスタッフミーティングを開き個々の意見を聞いたり、パソコンに向かい部下と一緒に月刊レポートを作成したり、たまにはセンターで飼育しているハダカデバネズミというモグラの餌やりを手伝ったりといった彼女の日常の態度から教育部の〝母親〟のような印象を持つことがありました。

彼女は青年海外協力隊事業に対してとても理解があり、ツァボ西国立公園にいた時に同期のＦ隊員の要請を出したそうです。私はメルー国立公園で活動中、同僚と対立することが少なくありませんでしたが、そのような時には決まって、育った環境、経験の異なる私たちがお互いに良いところを補い合って、仲よく仕事をしていくことが大切だと、彼女は優しく教えてくれました。

彼女は、会議や出張に出ることが非常に多く、部下と異なり忙しそうに働いている印象を受けました。そのようななかでも、私の活動についても、こちらに熱意と論理がある場合は、真剣に対応してくれました。仕事以外のプライベートでも親交を深めたいと思っていましたが、軍事的組織の上司と部下の関係が理由で難しかったです。

②同僚たち

ＫＷＳは階級の序列が厳格な準軍事組織です。そのため、隊員の私と上司のルーシー、同僚のトゥワリブ、キメトーの関係は単純ではないことは想像に難くないと思います。同じ青年海外協力隊の隊員でも、配属先の組織の性格によって、同僚との関係性は一様ではありません。

そもそも、派遣前の説明では、青年海外協力隊の隊員はカウンターパートと一緒に活動に取り組むと聞いていました。そのため、私はルーシーと同等の立場で、密接に連携しながら普及活動に取り組むものだと想像していました。しかし、実際には、むしろ、彼女の部下である同僚たちと行動することが多かったのです。その最も大きな理由は、ＫＷＳが準軍事組織であり、一般的なボランティアの位置づけは、厳密に設定されているランクの低位にあると多くの職員が考えていることにありそうです。

特に私の場合、既存の環境教育のプログラム内容をどんどん改善し、環境教育に対する職員の意識も高めていきたいと考えていました。現職が地方自治体という官僚組織であり、職員のモチベーションが普及指導の効果に及ぼす影響が大きいことを経験として感じていたからです。さらに、二年間の活動では、メルー国立公園の職員に限らず、公園周辺の地域住民や市民団体ともつながりを持つことになりました。第二章で書いたように、ＫＷＳと住民の間には対立が生じることがあります。そのため、私は同僚たちに対し、集落会議の場をもっと増やしていくべきであると言い続けましたが、彼らは「住民は自分たちの主張をするだけだ」と私の提案を否定しました。その結果、私と同僚との関係はなおさら難しいものとなりました。

私が二年間の関わった職員のなかで、トゥワリブほど上司がいる時とそれ以外の時で態度が変わる職員は知りません。上司のルーシーがいない時は、日本の野生動物の保全、政治、経済、防衛、宗教の問題から好きな女性のタイプまでさまざまな話題を取り上げて、ずっと話し続けます。私が忙しそうにしていても、お節介にからんできました。ケニアで出会った人々の多くは、日本で今まで知り合った日本人の誰かの性格に似ていて興味深かったのですが、彼だけは、私が知っている日本人にはいないタイプでした。

彼は悪戯好きな一面を持っていました。ある日、参加を予定していたナイロビマラソンの参加費を支払いにメルーの中心部の銀行に向かうため、ムレラゲートを通ろうとした時のことでした。トゥワリブは、「今朝、いきなり大学生のガイドの仕事が入ってきたからおまえも働かないといけない」「仕事とプライベートでは優先順位はどちらが上なんだ」と真剣な顔つきで言いました。私が悩んでいると、それまで真剣な顔つきだった彼は急に笑いだして、「We are testing!!」（おまえを試してるんだよ）と言いました。振り返ると微笑ましいエピソードですが、当時の私には底なしにお茶目な彼を受けとめるだけの心の余裕がなかったのかもしれません。

③ムティンダ

メルー国立公園で、最初の家に住んでいた数か月間、私はケニア人のハウスキーパーを雇って寝食を共にしていました。彼は、ムティンダといい、私の上司のルーシーと同じカンバ族でした。ムティンダは、兄のマシオキとともに、メルー国立公園の非正規職員として働いていました。私がハウスキーパーを雇いたいとルーシーに相談すると、彼女は、「一緒に暮らしても信用できるケニア人を紹介してあげる」と自信ありげに言いました。自宅のハウスキーパーなので家の鍵を預ける必要があり、最初は若干不安はありました。それでも、実際に一緒に生活してみると、ルーシーの話は本当でした。

ムティンダと最初に出会ったのは、メルー国立公園に着任して間もない、二〇〇八年八月六日でした。ゲストハウスで昼食を摂っていると、ゲストハウスのハウスキーパーの一人であるマシオキが見たことがない若い男性を連れてやってきたのです。ムティンダは、私の家で働き始めてから、私の同僚たちから「ボーイ」と呼ばれるようになりました。

ムティンダは、ムインギからメルー国立公園に出稼ぎに来ており、男四人、女三人の七人兄弟です。一二月から六月頃までの雨季には実家のムインギで農業を行っており、メルー国立公園の仕事は言わば出稼ぎです。ただ、毎年出稼ぎでメルー国立公園に来ているため、公園や周辺地域に精通しており、地域づくりの活動では数え切れない程のアイデアをもらいました。彼は、農業以外で収入の良い定職が見つかれば、農地を買い足して住民を雇って農業経営をしたい、と夢を語ってくれたことがありまし

日本から持ってきた梅干しを食べるムティンダ。

ムレラゲートに向かって歩く、ムティンダと職員の子どもたち。

た。彼はケニアを愛しており、「Peace, love and unity is moto in Kenya」とよく笑顔で言っていました。私は、そんな彼と家族のように過ごすことができました。

私の場合、信頼できるムティンダと行動をともにしたことで、地域の人々との交流がどんどん深まりました。彼は、近くに住む親せきや友人を積極的に紹介してくれました。また、周辺の集落では多くの住民は英語が話せないため、私が気になることがあると、彼がスワヒリ語やメルー語で住民の方に質問してくれました。さらに、ＰＤＭに盛り込んだプロジェクトを彼と一緒に進めていくと、自然と人々との人脈が広がっていきました。このように、彼と一緒に地域づくりのフィールドで行動することにより、エコミュージアムやムレラ木工教室といったプロジェクトのチーム形成につながったように思います。

(2) メルーエコミュージアム

①ジョセフ

ジョセフは、キエングという村に住む牧師の男性で、地域の信頼が厚い人物です。

彼は私とよく手をつないで歩いてくれました。男性同士が手をつなぐことはケニアでは友好関係の証です。

彼は、孤児院をボランティアで運営しており、その学校に私の名前を付けてくれました。彼は、メルー語が使えることもあり、プロジェクトの住民説明会ではいつも多くの参加者を集め、同行してくれました。他の多くのケニア人と違って、ソーダやお金などの見返りをほとんど求めない、〝珍しいタイプ〟のケニア人でした。また、彼は、ムティンダと同じように、お酒に対して否定的であり、一緒に酒を飲むことはなかったのが残念でした。彼はとても信頼できるケニア人の友人であり、特にメルーエコミュージアムの活動では最も信頼できるパートナーでした。

②ビクトリア

ビクトリアとは、二〇〇八年一〇月二四日にメルー国立公園のムレラゲートの近くで開催した植林イベントで初めて会いました。彼女は、住民団体「ジャンボ」の代表です。ジャンボは二〇〇三年に創設され、当時、女性一四名、男性六名（一八歳から八〇歳と年齢層も広い）で活動を実施していました。CBO（Community Based Organization）に登録されており、メルー国立公園と協働で植林活動等に取り組んでいました。

その植林イベントでは、ジャンボのスタッフの女性たち一〇名あまりが参加しました。後日、一一月六日にも、ムレラゲート近くで同様の植林活動があり、また、一一月二一日には、メルーの生態系の中で最も重要な地域の一つであり、ゾウの繁殖地でもあるガヤ森林地帯（Ngaya Forest）で実施された植林のイベントにジャンボが招待されました。私も同僚と一緒にこれらのイベントに出席しており、ビクトリア以外のスタッフとも親しくなりました。メンバーの大半は、私の自宅から三キロメートルほど離れたキウティニという町に住んでいたため、彼らの自宅に招待されることもありました。

ジャンボは拠点がメルー国立公園に近いこともあり、教育部局の支援を受けつつ、お互いに協調しながら保全教育や普及啓発の取り組みを進めてきました。そのため、私は、着任当初から、ジャンボと協力しながら、活動を進めていきたいと考えていました。しかし、メルーエコミュージアムの導入に向けて彼女との連携を維持することは難しく、私との関係も疎遠になっていきました。

③ジョン

ジョンに初めて会ったのは、二〇〇八年一一月頃だったと思います。ムレラ村で買い物をするために、ゲート近くを歩いていると、東屋の下で工芸品を売っているジョンがいて、私から話しかけたのがきっかけでした。

その時、売上状況を聞いてみると、一週間客が来ないこともあるが、時々欧米人が

ムレラで工芸品を売るジョン。

購入してくれると言っていたことがずっと気になっていました。もちろん、観光客の多くは、ナイロビの空港からセスナで直接公園内の滑走路に降り立つことを彼も知っていました。しかしながら、KWSの規則で公園内では営業できなかったのです。私は、地道に観光客がほとんど通ることのないムレラ村で営業を続けるジョンの姿を見るたびに、何とかしてあげたいと思うようになりました。このジョンとの出会いは、後に、ムレラ木工教室の取り組みにつながっていきます。

⑶ キナエコミュージアム

①マカ

マカは、二〇〇四年に設立されたCBO「マルカビサナンディ文化村」（Maika bisanadi cultural village）の代表で、キナに住むボラナ族の女性です。二〇〇九年一月二三日、メルー国立公園の教育センターに地域の住民団体の代表が集まって会議を開いた際、会議を終えたビクトリアやルーシーなどの職員と一緒に私のところにやってきました。私は彼女に名刺を渡し、連絡先を交換しました。彼女は、右手に持った私の名刺をパタパタと左手の甲にあてながら、「ハブアナイスデイ」と言ったのが印象的でした。私は、彼女がイスラム教徒であり、ボラナ族であることを知り、メルー国立公園の一つの魅力を発見したように思いました。私は、独特の文化を持つボラナ族に興味を持ち、頻繁に彼女の住むキナという町に足を運び、独特の文化を体験するようになりました。

マカ氏との出会いは、後述するようにキナエコミュージアムの設立につながっていきました。そして、彼女が代表を務める団体の運営する宿泊施設をキナエコミュージアムの拠点にしようと考えました。そのため、エコミュージアムの活動では、常にマカ氏と意見交換しながら、推進していきました。特に、団体が運営する宿泊施設は、団体の活動を支援するメルー国立公園内にある高級ホテル「レオパードロック」からの観光客の一部が利用する程度であり、経営は順調とはいえませんでした。そのため、キナエコミュージアムを訪問した観光客の宿泊拠点にしたいと考えていました。現在、団体のウエブサイトでは、エコミュージアムの概念が紹介されており、団体がエコミュージアムの推進母体になっているようです。

マルカビサナンディ文化村が提供する宿泊施設。

②アダン

アダンとは、二〇〇九年五月頃、キナの集落でアンケート調査を実施している時に、調査票の配布に協力してくれたことがきっかけで、親密に交流するようになりました。彼は地域住民から信頼されており、地域の有力者との人脈を持っていました。キナで多数を占めるボラナ族は地域社会や親族集団（クランと呼ばれる）の連帯意識や相互扶助を重んじます。彼は、キナエコミュージアムの立ち上げの際、キナの長老たちを集めて集落会議の段取りをするなど、中心的に活躍してくれました。また、プライベートでもお世話になり、キナやケニア北部で遊牧生活を行ってきたボラナ族の結婚式に招待してくれたことは、私のケニアでの生活で最も貴重な体験の一つになったと思います。ただ、残念なことに、彼は、二〇一六年にナイロビで永眠しました。

(4) その他

①パトリック

2009年7月22日に校長会議に出席し、約200校の校長に保全教育の取り組みの紹介を行った。

二〇〇九年七月一〇日、私は、メルーで開催された広域連携の会議に参加しました。この会議は、赤道上に位置するメルー地域五県における持続可能な地域づくりのための協働の取り組みを推進するために設置された広域連携の協議会であり、当日の会議は、五県に在住する投資家に対する事業説明という位置づけで行われました。

私は、協力隊の活動として進めているエコミュージアムの取り組みのアイデアが得られると期待して参加を決めました。講演では、メルー周辺の魅力的なスポットの紹介もあり、このあたりで二番目に大きな巨木や、「Maa Maa」という洞窟、タラカにある神秘的な滝、メルー議会の建物などが紹介され、重要な情報を得ることができました。この日、二つの大きな出会いがありました。まず、当時のKWS総裁Kipnge'tich氏にお会いし、地域の課題や私の活動について話をさせていただきました。しかも私の活動内容を整理した資料を手渡すことができたことはとても有意義でした（本文扉参照）。そして、Global Press Agencyの記者のパトリックとの出会いもありました。彼は、Kipnge'tich氏に話しかけた日本人の私に興味を持ってくれたようで、その日は、自己紹介と名刺交換をして別れました。

話はそれますが、七月二二日、カンゲタ女子高校で開催された県校長会議に参加しました。この会議はメルー北部県およびメルー南部県の全学校が対象です。この会議、実は私に依頼があった訳ではなく、偶然マウアの教育委員会を伺った際、職員から会議開催の情報を得て、自ら出席の打診をして参加することになりました。私は、環境教育の重要性を地域の多くの学校長に普及することに関心があり、自ら機会をつかみ取りました。

校長会議終了後、偶然、パトリックに再会しました。彼とは最初世間話をし、彼が昨日までナイロビに行っていたこと、独身だが来年結婚する予定であること、年齢が一緒であること、などとたわいもない会話を食事をしながら楽しみました。

パトリックは、孤児を支援する活動を行っており、彼の孤児を援助する活動とその関係のウェブサイトの日本語への翻訳の話、帰国してから日本人にケニアの孤児問題について話をしてほしいといった彼の思いを私に伝えました。彼はかなり真剣にその活動に取り組んでいる様子であり、私も真摯に向き合おうと考えました。

私の活動の任期が後半にさしかかる頃、彼は私に最高のプレゼントをくれました。私の協力隊としての活動をケニアの全国紙の記事にしてくれたのです。それは、二〇一〇年三月七日、日刊紙 Sunday Times に掲載されました（本文扉参照）。私は、活動の成果を少しでも幅広く普及していきたいと考え、精力的に方法を模索していきましたが、この新聞記事の掲載は任地を超えて活動を普及したという意味で大きな成果の一つといえます。

3. エコミュージアムというツール

(1) エコミュージアムとは

馬場憲一著『エコミュージアムについて』によれば、「ある一定の文化圏を構成する地域の人びとの生活と、その自然、文化および社会環境の発展過程を史的に研究し、それらの遺産を現地において保存、育成、展示することによって、当該地域社会の発展に寄与することを目的とする野外博物館」と定義されています。エコミュージアムの運営は、住民参加を原則とし、普通の博物館と違って対象とする地域内にコアと呼ぶ中核施設（情報・調査研究センター）と、自然・文化・産業などの遺産を展示するサテライト（アンテナ）、新たな発見を見い出す小径（ディスカバリートレイル）などを配置し、エコミュージアムのある地域社会を訪問者が、より深く積極的に理解するシステムといえるでしょう。

一九六〇年代のフランスで地方文化の再確認と中央集権排除という思想の中でエコミュージアムは誕生し、用語は生態学（Ecology）と博物館（Museum）からの造語で、人間と環境との関わりを扱う博物館として考案されたものです。現在、フランス国内には五〇ケ所を超えるエコミュージアムが設置されていますが、スウェーデンやカナダなどにも普及し、我が国では〝地域おこし〟事業の中で、その考え方を生かした施設の設置と整備が試みられてきています。

日本でもエコミュージアムの取り組みが進んでいます。私はもともとエコミュージアムのアイデアを当時の滋賀県の取り組みから得ました。滋賀県では、二〇〇三年から「住んでいるまち」「自然」「人とのつながり」「なりわい」「次世代」などを大切にする取組が県内各地のさまざまな地域で沸き起こる姿をエコミュージアムと位置づけ、そのような取組を支援していました。また、山梨県小菅村では、二〇〇〇年から「エコミュージアム日本村」づくりを行っており、二〇一八年一月現在も取り組みは継続中です。この構想のコア博物館である「植物と人々の博物館」は、日本の伝統的生業文化を環境学習の基盤とし、自然環境保全、地域文化継承、そしてこれらの再創造を行うための活動拠点になっています。その他にも山形県朝日町、長野県阿智村、大分県竹田市、京都府伊根町などエコミュージアムに関連する取り組みが展開されています。

私が関わったメルー国立公園に隣接する地域には、大きく分けて、メルー族とボラナ族の二つの民族が生活しています。宗教、生活習慣などは、両民族で大きく異なるので、それぞれの地域に「メルーエコミュージアム」および「キナエコミュージアム」の二つを指定することとしました（六一頁の図を参照）。二〇〇九年四月二六日に両エコミュージアムを指定する協定が、関係するDivision（郡）およびLocation（市）の首長により締結されました。

(2) 地域づくりの活動のベース「エコミュージアム」

私は着任前、メルー国立公園の隊員に期待される活動について、ＪＩＣＡが公表していた「平成一九年度春募集ボランティア要望調査票」の内容を信じていました。その要望調査票によると、①小学校（プライマリースクール）や地域住民に対して環境

※外務省ホームページ参照

保護、生態系保護の巡回指導を行うアウトリーチプログラムの企画・立案・実施、②公園訪問者に対する公園内ガイド、環境保護、生態系保護に関する講義、③環境保護教育に関する対象者別教材製作、④公園に生息する野生生物や公園の生態系に関する展示物や展示資料の製作であり、他のＫＷＳ所管の国立公園の要請内容と同様でした。

しかし、実際には、二年間を通して巡回指導の回数は学校と集落を合わせて一六回程度と極端に少なかったのです。また、準軍事組織であるＫＷＳの序列の中ではボランティアである隊員の位置づけは高くはなく、隊員としての発言権はほとんどない状態でした。そのため、時には隊員の派遣を要請したのにも関わらず課題解決に向けて隊員を活用しきれていない組織としての問題をＫＷＳの幹部に問いかけることもありました。

一方、私の活動の進め方に関して、次のような問題もありました。野生生物の多くは一時的もしくは継続的に国立公園の外側の地域に生息しています。そして、富裕層中心の観光客の多くは直接セスナでナイロビから公園内に移動し、公園周辺地域で消費活動を行うことがほとんどありません。したがって、ＫＷＳは地域住民と協働で保全対策および地域振興策に取り組むことが課題といえますが、実際にはＫＷＳ職員と住民との対話は十分とはいえませんでした。

そのような状況で遠くに見えた一筋の光こそが「エコミュージアム」の発想でした。ケニア国内でも、ユネスコの世界遺産に登録されたラム島、ミジケンダ族が崇める神聖な森など現在も人々が生活し観光振興および経済発展にも取り組む地域が存在し、任地でもエコミュージアムが根付く素地はありました。野生生物はエコミュージアムの魅力的な要素であり、人々と野生生物が共生する地域づくりが可能となります。ここでは、エコミュージアムの概念を活動に取り入れた活動内容を報告し、地域住民を巻き込んだ国際協力活動をする上で、エコミュージアムの視点で活動内容を構築する意義について考察したいと思います。

(3) エコミュージアムの取り組みを開始するまでの経緯

前述の通り、そもそもエコミュージアムの発想は、ケニアに行く前から私の頭の中にありました。滋賀県では、二〇〇三年から「湖国まるごとエコ・ミュージアム」づくりを提唱し、二〇〇五年度から二〇〇九年度まで「湖国まるごとエコ・ミュージアム」推進事業を実施していました。そのため、私が生活している滋賀県でエコミュージアムの取り組みが進められていることを知り、ケニアでも導入できないものかと考えていたのです。

私は、ＰＤＭが完成してから、二〇〇九年一月二〇日にキウティニに行き、ジャンボの代表ビクトリアにエコミュージアム構想を含めた私の活動を説明し、積極的に参加してもらうようお願いしました。ジャンボは活動拠点がメルー国立公園から近いキウティニという町にあり、ＫＷＳ主催のイベントの多くに参加していました。そのため、ＫＷＳと地元の団体との連携を強化する意味でも重要なパートナーであると私は考えました。当時、メルー国立公園に隣接する地域には、私が直接関わっただけでも、私はキャメラノＳＨＧ（ムレラ村）、マルカビサナディ文化村（キナ村）、グヤサＣＢＯ（キナ村）などを含めて複数の住民団体が結成されていましたが、ジャンボが最も公園との関わりが深かったと思います。同年一月二二日、キウティニで代表のビクトリアに会い、エコミュージアム構想で具体的に必要なものをリストアップした資料とエコミュージアムに関する論文を見せながら、構想を説明しました。

二年間という短い活動期間にエコミュージアム構想をある程度軌道に乗せるために、国連機関や国際ＮＧＯの助成金などによる資金の初期投資を私は否定しません。ただし、政府や国際ＮＧＯが主導でトップダウンで進めるのではなく、地域社会が主体となり、外部資金の獲得に向けて努力することが前提です。私が活動を通して日本で培った知識や技術を導入しようと努力するように、先進国や政府・企業が経済的支援を行うことは発展途上国の環境保全を進めていくために重要な協力方法の一つです。ただし、前述した「主体性」に加え、私の任期が終了した後の「継続性」も考えると、地元の市民団体のメンバーに資金獲得のために動いてもらうべきであるという考えが私のなかにありました。そのため、私はインターネットで国連の助成金の情報を得てから、エコミュージアムの活動資金にしたいと考え、申請書をビクトリアに書いてもらおうと考えました。しかし、活動の当初から最後まで、情報提供や資料作成などに対するケニアの人々の対応は迅速とはいえませんでした。

ビクトリアと一緒にエコミュージアムを推進していくことに対して、私は期待を

エコミュージアムの展開（フロー図）

第1ステージ

- 配属先の理解を得る
  PDMで整理、説明
- 信頼できるパートナーの協力、ムティンダ、チェプチェンなど
- 地域住民の意見を聴く、ビクトリア、アダン、マカ、ジョセフなど

↓

第2ステージ

- ・CBOの設立
  ・代表の決定
  ・規約の作成
  ・銀行口座の開設
- 首長への説明
  District OfficerやChiefに直接説明
- 地元メディアの活用
  ローカル紙に原稿掲載の依頼

↓

第3ステージ

- ・パンフレットの作成・配布
  ・ムレラゲート
  ・マウアの中級ホテル
  ・公園内のリゾートホテルに設置
- その他の広報・情報発信
  ・ウエブサイトの作成
  ・ソーシャルメディアの活用
  ・KWS広報担当に地域情報の掲載を提案
  ・国立博物館、テレビ局、新聞社等に原稿掲載の依頼
- 外部資金の獲得
  ・地元銀行に支援要請
  ・国連の助成金に応募

↓

地域住民に対する普及啓発
・アダン、ジョセフの協力を得て集落説明会
・ポスターを作成し、集落や飲食店に設置

持っていました。その理由は、ジャンボが設立当初からメルー国立公園と強いつながりを保ってきたこと、そしてビクトリアと親しい関係のKWS職員のチェプチェンが私の活動に協力的であったことが挙げられます。ジャンボは私の配属先であるメルー国立公園の外部の組織であるため、同僚のなかに、私の考える周辺地域の市民団体との連携に対して理解してくれる仲間がいることは何よりも心強かったのです。

(4) エコミュージアムプロジェクトの展開

〈活動初期〉

エコミュージアム導入の過程で、①普及啓発・説明、②情報収集、③運営団体の設立とCBOの登録、④区域設定と行政の認可、⑤広報活動、⑥ファンディングといった複数の課題に対して同時並行で取り組んでいきました。

既に述べたようにPDMでルーシーと活動の方向性を共有した上で公園の周辺地域でエコミュージアムの普及や情報収集を進めました。当初はムティンダと行動をともにし、彼がスワヒリ語の通訳を行ってくれました。また、教育センターにあった本や

ジョセフと地域住民にエコミュージアムの説明を行う。

報告書の情報に加え、寝食をともにしていたムティンダからは一日の活動を終えてから、夜中まで周辺地域の文化について教えてもらいました。

メルー国立公園の周辺は、北部と東部はボラナ族、ソマリ族およびポコモ族といった民族が生活する放牧地となっており、ここは野生動物の重要な移動ルートに含まれています。また、西部から南部にかけてはメルー族、タラカ族、オルマ族、カンバ族といった民族が定住し、乾燥地農業に従事しています。私は、エコミュージアムの設置場所として、メルー族が大部分を占めるカウイル村周辺地域、ボラナ族が大部分を占めるキナ村周辺地域の二地域を選択しました。

設定地域を決める過程で、カウイル村とキナ村の二つの地域でエコミュージアムの運営母体となる団体の設立を地域の住民団体と協力しながら試みました。二〇〇九年四月二六日、キナ村およびカウィル村でそれぞれ、キナエコミュージアムおよびメルーエコミュージアムの設立の協定を締結しました。両エコミュージアムで村長や住民団体の代表、隊員として私が署名しました。ただ、アダン（キナエコミュージアム）やジョセフ（メルーエコミュージアム）といった後にエコミュージアム推進の中心的役割を担う人物は、この時点では協定締結には関わりがありませんでした。

この協定締結までの間、何回も関係者に対する概要説明および協議を重ねてきたので、地域の有力者の署名が集まった時は感慨深かったものです。協定締結後、両エコミュージアムの運営母体となるCBOを設立し、代表はジョセフ（メルーエコミュージアム）とアダン（キナエコミュージアム）になってもらいました。その後、エコミュージアムのポスターやパンフレットを作成して配布したり、ウェブサイトを作成するなどしました。また、地域住民と直接顔を合わせてエコミュージアムの意義を普及する取り組みも併せて継続する必要があると感じていました。

二〇一〇年三月一四日には、団体としてエコミュージアムに主体的に対応しようとしないジャンボのメンバー五名に対して、ジョセフと一緒に概念を説明してきました。その際、ビクトリアはエコミュージアムのパンフレットにジャンボの団体名と連絡先を掲載してほしいと言いました。

さらに、資金獲得に向けていくつかの取り組みを実行しました。まず、エコミュージアムでは海外の観光客の消費活動を通して資金確保を図ることに加え、地域の中でも何らかの支援を得たいと考え、ジョセフと一緒にマウアにある複数の銀行に出向き、取り組みの説明や支援の要望を繰り返し行いました。また、二〇一〇年三月にはメルー国立公園の中にある高級リゾートホテル「エルザスコプジェ」にエコミュージアムへの協力依頼に伺いました（口絵ｉページ参照）。しかしながら、ハダカデバネズミ（後述）をモチーフにしたバナナの皮でできた壁掛は質が十分ではないということ、エコミュージアムの周辺地域の治安に問題があることなど根本的な指摘を受けました。ただ、リゾートホテルで社員と同じテーブルで議論できたことは未来につながる収穫であったと思います。なお、同様の働きかけは公園内のもう一つのリゾートホテル「レオパードロック」でも行いました。

(5) メルーエコミュージアムの特徴

キウティニやマウア周辺の特徴として、半乾燥地の多いケニアの中でも森林や河川、湿地帯が多い地域であり、それらが構成する特異な景観が一つの魅力です。

この地域のもう一つの特徴は、ミラー（Miraa）の産地であることです（第五章参照）。ミラーは灌木であり、葉に覚醒作用のある嗜好品です。ムレラから車で一時間ほど移動したマウアまでの間に広がるニャンベネ丘陵（Nyambene）はミラーの一大産地です。多くの地域住民がミラーを日常的に嗜好しており、女性や一部の児童までもが愛用しています。

また、この地域には、珍しい「ハダカデバネズミ」（学名：*Heteroce Phalasglaber*）という動物が至る所の土壌の中に生息しています（第一章参照）。ハダカデバネズミは脊椎動物では数少ない真社会性動物で、アフリカ乾燥地帯の地中にトンネルを連結した住居を造り三〇から一〇〇頭でコロニーを形成します。コロニーは繁殖個体（女王一頭と繁殖オス）、ソルジャー、ワーカーからなるカーストに分類されます。メルー国立公園のムレラ教育センターにはハダカデバネズミの観察用飼育箱が設置されており、日本からもテレビ番組の取材があるなど注目を集めていました。私は、もっと地域住民が恩恵を受ける活用のあり方を模索したいと考え、前述の壁掛の生産という発想が生まれました。

(6) キナエコミュージアムの特徴

キナエコミュージアムは、ムスリムでやや保守的なボナラ族の居住区であり、独特な結婚式や女性が建てる特徴的な住居など文化の多様性は高いと感じていました。キナでの情報収集は、アダンの全面的な協力に加え、メルー国立公園の同僚を巻き込むことができました。二〇〇九年五月二九日、キナエコミュージアムのウェブサイトのネタ集めとして、現地視察を実施しました。その結果は、次のとおり、日誌に整理していました。

①モリティ

私は前日からムティィンダと一緒にキナに宿泊していた。その間、住民に対するアンケート調査などをした。当日、ＫＷＳの公用車を使用させてもらう約束をルーシーとしており、私たちは公用車の到着を待った。

公用車が遅れることは十分予想できた。ただ、その日、ライフル銃で武装したトゥワリブがついてきたことは意外であった。私は、ＫＷＳとしてもエコミュージアムの構想を全く否定しているわけではないことを知り、構想の実現に対する希望が高まった。

一〇時頃、アダン、マカ、他のＣＢＯのメンバー二名、村長、トゥワリブ、ムティンダ、そしてドライバーのムヤと一緒に村長のオフィスの前を出発し、湧水が出ている「モリティ」(Molity) と呼ばれる場所に行った。ここは、サバンナの半乾燥地帯に位置し、北方の砂漠と隣接するキナの中で貴重な水源である。住民が人工の井戸をいくつも作っており、その中を覗き込むと、乾燥地帯では非常に稀な透明の水がたまっているのが見えた。ここでは、水を輸送するための水路も建設途中である。午後になると、数百頭の牛が給水のために連れられてくるという。つまり、人工物と自然の調和が保たれた景観がこの地域の魅力なのである。

モリティを出て、次の目的地、ドゥセ・ミンロ（Duse Minlo）に向かう途中の道からの景色はすばらしかった。この道は、それより北部の地域に向かってなだらかに下っており、北のサバンナが一望できた。また、この道を走っている時、ラクダが歩いていている場所で随行の女性が降りて、道端の木の実を食べ始めた。Madder と呼ばれる木の実で、ラクダ使いがよく食べるという。

ドゥセ・ミンロの中心部。

②ドゥセ・ミンロ

ドゥセ・ミンロに到着した時、私は声を出してしまいそうなくらい驚いた。ここは、キナの中心部からラフロードを三〇分以上走った辺鄙な場所にあり、最後の交差点を曲がるまで草原に灌木が生える典型的なサバンナで人々の生活の気配は全く感じられなかった。しかし、交差点を左折し、しばらくすると前方に突然真っ白な町が見えてきた。家畜や鉱物の市場として地元で有名なドゥセ・ミンロである。地面は真っ白な砂が敷き詰められ、市場は毎週火曜日に行われ、ガルバトゥラ、キナ、ラブソといった遠方の地域から多くの来客があるという。ここで、副村長に挨拶し、彼にサファイアの採掘が行われている住民の共有地の鉱床まで案内してもらった。

鉱床には、所々二〜六メートルくらいまで掘られた穴があり、その中で一名から数名の住民が採掘作業を行っていた。サファイアは、ブルーとイエローの二種類あり、採れた鉱物はナイロビやモンバサから来た仲介業者に販売している。当時、投資家に土地を貸す計画があった。民間企業が重機で違法に採掘したため、深さ一〇メートル、幅二〇メートルほどの大きな穴があいた場所があった。その際住民の間でひと悶着があったようだ。トゥワリブの話では、ここでは銃を所持する住民が多いようで、観光地になった場合に治安の問題が課題になりそうだ。

ドゥセ・ミンロの近くにドゥセ・ダムがある。ここは、乾季になると消失する一時的な天然のため池があり、その日目撃した数百頭の大量の家畜も乾季にはモリティで給水を行うようになるそうだ。ここで見る家畜の群れはなぜか野性的な雰囲気を醸し出しており観光資源になりそうだ。

③ カティチャ

次に向かったのが、神聖な地として知られるカティチャ（Katicha）である。巨木が林立するサバンナのオアシス、マルカ・オダ（Malka Oda）からその丘陵が見えたが、悪路のため車で三〇分ほどかかった。遠くから眺めると、何の変哲もない普通の丘である。しかし、周辺は平坦で単調な地形で、サバンナの草原の一様な景観が広がる中で、この岩山が神聖視されても何の不思議もない。マルカ・オダから見て裏側に入り込み、岩山に接近していくと、遠くにバオバブの巨大な御神木が見えてきた。バオバブの木の裏側（山側）には、呪医が座る場所を示すために、小さな石で円く囲ってある場所があった。随行した二名のガイドは、「あそこに丘の頂が見えるだろう。あの裏側が最も神聖な場所だ」と言って、その方向を指さした。彼ら曰く、そこには悪魔が住んでいて、人間はその頂上付近に立ち入ることはできない。そこには、鷲が飛んでおり、この聖地を守っているという。ガイドは真剣な面持ちで悪魔の話や、鷲が番人として見張っていることを信じていることが彼らの表情から察せられた。帰り際、彼らに、あのバオバブの木が枯れたらどうするのかと聞いてみると、「あの木は枯れない」

と答えた。愚問だったようである。科学的でなくても宗教や信仰が資源となるのがエコミュージアムの魅力である。

(7) エコミュージアム導入の取り組みの成果

二〇一〇年五月一二日、任期が終了するわずか一か月前、エコミュージアムのプロジェクトで私にとって重要な出来事がありました。

午前中、メルーエコミュージアムのメンバーがムレラ本部の教育部長とコミュニティ部長の執務室に集合しました。一年以上前から私はジョセフに対し、一度公園に来て幹部職員にエコミュージアムの話をしておくべきだと言ってきました。このメンバーの集合は、私たちにとっては画期的な出来事でした。

ただし、前日の午前中、公園長に協議への参加を打診すると、「明日は忙しい。出張のため、今日のうちに公園を出発しようと思っているくらいだ」と軽くあしらわれました。彼に、公園長抜きのミーティングでも意味はあるのかと確認すると、教育とコミュニティの両部長が合意したことであれば私も認めると逃げるように言い放ちました。実際に、その日の協議は、両部長に出席してもらい、公園長抜きで行うことになりました。

協議には、当初、メルーエコミュージアム代表のジョセフだけを呼ぼうと考えていましたが、前日にキャメラノSHGの代表やジャンボのビクトリアにも声をかけました。結果的に、ジャンボから三名、キャメラノSHGから代表を含む三名が参加しました。協議の冒頭、私は、打ち合わせの趣旨を説明し、私の立場があくまでもコーディネーターであり、積極的に発言することは控える、と述べました。その後、ジョセフが両部長にエコミュージアムの趣旨と要望を伝えて、前半は順調に進んでいきました。

しかし、途中で、突然、ビクトリアが会議室から出ていきました。そして、コミュニティ部長のチェリオットがビクトリアとジャンボのメンバーを連れて会議室に戻ってきてから、協議の場の雰囲気が急変しました。激怒したビクトリアが大声を出して、協議が続けられなくなったのです。ビクトリアが、会議を混乱させた理由は、パンフレットにジャンボの紹介がない、CBOのグループ名称はジャンボのそれと類似し違法である、メルーエコミュージアムはジョセフが地元で関わっている団体の支配下に置かれた状態で、ジャンボのメンバーが運営委員に含まれていないなどといったものでした。

明らかにビクトリアは感情的に私に反発している様子でした。思い返せばPDMの中でエコミュージアムの導入を検討する際、ビクトリアから多くの情報や知見をもらいました。その後、地域住民に対する普及に前向きにならない彼女の態度が気になるようになり、私はジョセフと行動するようになりました。ビクトリアは、先日から、「おまえを訴えることもできるんだ」とか「このプロジェクトは意味がない」などとKWS職員に吹聴し、ゲートのレンジャーたちも彼女に同調して、私への批判を強めていくように感じました。そして、今回の協議で、ジャンボのメンバーがエコミュージアムのプロジェクト自体に反発を感じていることが決定的になったのです。

結局、その日の協議は収拾がつかなくなり、ルーシーが仲介に入ってくれました。彼女は私に、ジョセフたちに自由にやらせるため私は干渉しない方がいいと言い、①賛同する団体の長と村長の署名の書かれた文書を提出すること、②ビクトリアがパンフレットへのジャンボの写真の掲載を再度許可するまで、ムレラゲートでのパンフレットの設置は控えることをメルーエコミュージアムのメンバーに命じました。

ジャンボのメンバーからは、「コージは日本人だし、もうすぐ日本に帰るのだから今度のミーティングには参加するな」「私たちに自由にやらせてほしい」さらには「パンフレットは使えないいんだから燃やしてしまえ」とまで言われてしまいました。

私は、ジョセフとキャメラノSHGの代表と一緒にルーシーと話をするためオフィスに戻りました。パンフレットからジャンボの写真を削除したら、ムレラゲートで配布することは可能かどうかルーシーに確認すると、彼女は「何の問題もない」とあっさりと答えました。ただ、私たちは、ジャンボとKWSの長年の連携の歴史を考えると、ジャンボの協力を得ずにプロジェクトを進めることは難しいと考えました。

彼らは、オフィスを出てからも、怒鳴り散らすビクトリアを筆頭に、仲間同士で白熱した議論を展開し、公園のスタッフもただ事ではない雰囲気を感じている様子でした。私は、やむなく、本部とカンティーンの間の交差点にある木陰のベンチから、静かに彼らの様子を眺めていました。

私は、ビクトリアやジャンボのメンバーの気持ちを理解していなかった自分自身にふがいなさを感じました。三月一四日のジャンボとの打合せの後、パンフレットの内容について、さらに議論を続けるべきだったかもしれません。ただ、その一方で、不謹慎かもしれませんが、何とも言えない満足感を感じていました。この満足感は、今回初めて国立公園の境界を越えた議論が一つのテーブルで交わされたこと、そして何よりも、彼らが真剣に議論している姿を見るにあたり、やっと私の提案したプロジェクトに対する住民の主体性が芽生えてきたように感じられたことからくるものだったと思います。

後日、ジョセフから、チェリオットと話し合い、パンフレットのムレラゲートでの設置について合意したと連絡が入りました。私は、エコミュージアムの取り組みを通して、私なりにいろんな種を播くことができたのではないかと思いました。

(8) 国際協力活動でのエコミュージアム概念の導入の意義

私は決して、エコミュージアム導入の取り組みが成功したとは考えていません。ただ、任地での国際協力の活動が充実し、現地の人々への普及啓発の取り組みが継続したことで、地域づくりに向けた隊員としての役割を少しは果たせたかなと思っています。

ポストコロナの時代、国内回帰が進み、人々が連帯に目覚め、国民の求心力が強くなると予想されています。そのような時代だからこそ、地域のあり方を見つめなおすエコミュージアムの取り組みを進める意味があります。その導入の過程で、日本人の視点から見た地域の価値の提案、住民との対話、住民や組織間のつながりの構築などの役割を果たすことが隊員に求められると思います。

4. 環境教育モデル校の指定

(1) 自然体験型学習の実践

協力隊員として教育に関わる意義は、特に児童・生徒が人間関係をつくる場として重要な学校の中で、直接教育活動に携わることだと私は考えています。コロナ禍の今、オンライン授業の導入が進んでいますが、ポストコロナの時代においてもその意義は変わらないと思います。しかし、赴任当初、私はなかなか学校に行けない状況が続いていました。そこで私は、モデルスクールプロジェクトとして、「環境教育モデル校」の指定を上司に提案することにしました。

このプロジェクトは、重点的に環境保全プログラムを導入するモデル校を指定するものです。プロジェクトでは、これまでケニアで実施されてきた講義およびビデオ教材の組み合わせによる単調な手法ではなく、自然体験型学習や自分たちと異なる世代や他校、日本の学生との交流を通した学習などを組み合わせて、多角的な視点から環境教育に取り組むこととしました。

そして、二〇〇九年一月一三日、カシシネ小学校（Kathithina Primary School）を環境教育モデル校に指定しました。カシシネ小学校は、ケニアの農村部の普通の学校です。ケニアのプライマリースクールは八年制のシステムをとっています。当校は、メルー国立公園に隣接しており、従来からKWSが校舎の建設や植林用苗木の提供などの助成を行ってきた経緯がありました。

二〇〇九年二月二日には、スタンレー校長とモデル校指定に関する話し合いを進め、月、水、金曜日の放課後、三時一〇分から行うことで合意しました。そして、二〇〇九年二月三日、午後三時から、モデルスクールプロジェクトの第一回目のプログラムをカシシネ小学校で行いました。

最も精力的に取り組んだのは、五感を通して自然を学ぶ「ネイチャーゲーム」です。ネイチャーゲーム（Nature game）は、米国のナチュラリスト、ジョセフ・コーネルが一九七九年に著書『Sharing Nature With Children（子どもたちと自然をわかちあおう)』の中で発表した自然体験プログラムの、日本における名称です。人間の感覚を用いた様々な活動（アクティビティ）を通して、自然の不思議や仕組みを学び、自然と自分が一体であることに気づくことを目的としています。私は、ネイチャーゲームは、普通に過ごしていては気づかない自然の不思議や面白さを発見できる〝特別なメガネ〟のようなものだと考えています。地域づくりの活動を次世代につなげていくためにも、子どもたちを対象としたアクティビティを通して人材育成を行うことが重要です。ケニアに来る前、私は所属していた日本のＮＰＯでも児童に対してアクティビティを実施していました。環境教育隊員の派遣前訓練として、山梨県清里の財団法人ＫＥＥＰ協会の研修でもみっちりと学んできました。

また、実際の活動では、同じ環境教育隊員のAさんが譲ってくれたテキストがすごく役立ちました。それは、米国で開発された環境教育プログラム『プロジェクト・ワイルド』です。それと、日本から持ってきた『Sharing Nature With Children』は、同僚にアクティビティを説明する際に有効に活用できました。モデルスクールプロジェクトでは、多種類のネイチャーゲームを実践しました。

ネイチャーゲームを説明するバーセロメウ。

「渡りはつらいよ」で渡り鳥の真似をして移動する子どもたち。

まず、とても人気があったのは「コウモリとガ」というアクティビティでした。一〇人以上の参加者が必要ですが、目隠しをしたコウモリ役とコウモリに食べられるガ役に分かれ、他の参加者が作った輪の中で追いかけっこをするというものです。コウモリ役が「モス」（英語でコウモリの意）と言ったら、ガ役は「ワドゥドゥ」（スワヒリ語で虫の意）と言って反応しなければなりません。狙いは、夜行性のコウモリが超音波で獲物の居場所を特定する行動を体感することです。アウトリーチプログラムでも何回も実践しました。その結果、保育園でも遊戯として導入され、劇のような位置づけになってしまったのは愉快でした。

また、競争原理を活用したゲームでは、子どもたちは集中して取り組む傾向がありました。そのようなゲームの一つが「渡りはつらいよ」(Migration Headaque)です。「渡りはつらいよ」は、動物の季節移動をテーマにしたもので、子どもたちが、渡り鳥に扮して、越冬地と繁殖地をイメージして地面に置いた紙の間を往復します。このアクティビティでは、繁殖地と越冬地の両方の保全が渡り鳥を守るために必要であることを学ぶことができます。

私は、滋賀県の琵琶湖を児童に紹介したいと考え、琵琶湖とケニアの関係に着目しました。その結果、渡り鳥が琵琶湖とケニアの間を定期的に移動しているという前提で、「渡りはつらいよ」のプログラムを実施しました。個体数の増減の原因として、ダム開発、灌漑、外来種の導入、水質汚濁などがあることを事前に説明し、ゲームの最中にも再度説明しました。強調した点は、繁殖地、中継地、越冬地の三地点のどれもが重要であり、どれか一つが欠けるだけで、鳥類の個体数の維持、生存に決定的な影響を及ぼすこと、保全には国際的な協力が必要であることなどでした。このゲームでは、開発や自然災害などによって繁殖地が減少することを、地面に置いた紙の数を減らすことによって体感します。つまり、繁殖地の奪い合いのため、参加者は互いに競い合うことになります。

ケニアに来る前から、日本で経験したネイチャーゲームを、ケニアの子どもたちに対して実施することを楽しみにしていました。ただ、実際にケニアでネイチャーゲームを実践していくなかで、普段から自然の中で遊び、自然の中で水汲みや薪拾いなど家族の手伝いをしている子どもたちに対して、自然の中で行うネイチャーゲームにど

普段の授業風景。制服を買うお金がないため、服装もバラバラ。
それでも熱心に勉強する姿に心を打たれた。

楽しく学べるネイチャーゲームはどの国でも必要とされている。

れほどの意味があるのだろうか、と自問自答することは多かったです。幸いなことに、いつのプログラムでも子どもたちは楽しそうに参加していました。自然を〝特別なメガネ〟で見ることを通して〝楽しく学ぶ〟という発想を知ってもらえただけでもやって良かったと思います。

さらに、学校を訪問し、外でネイチャーゲームを実施する以外にも、さまざまなアクティビティに挑戦しました。日本文化を紹介する「書初め」では、英語やスワヒリ語で好きな言葉を書いてもらいました。和紙や墨は持ってこなかったので、コピー用紙や絵具などを活用するなど工夫しました。児童が書いた言葉は、「Nyama」（肉）、「Mazi」（水）など、スワヒリ語の語彙の少なさを反映してか、日常生活でよく使う言葉が多くなる傾向がありました。

その他、地元の警察で許可を取得した上で、環境保全の重要性を訴えかける言葉を書いたプラカードを持って、村々を練り歩くデモ行進や、彼らの生活圏でもあるメルー国立公園のムレラゲート前周辺でのゴミ拾いの活動、村の長老に講師を依頼し、野生動物と人々の軋轢や保全の問題をメルー語で話してもらう世代を超えた交流の取り組みなど、「これはいける」と思ったことにはどんどん取り組んでいきました。これらのアイデアは、自分で考えたものは意外と少なく、アバーディア国立公園、ツァボ西国立公園などケニア国内で活動する環境教育隊員から情報を得て、模倣することも多かったです。その意味で、私にとって、環境教育分科会の存在は活動の大きな支えになったと考えています。同時期に同じ環境教育という分野で活動している隊員がいることはとても心強く、また、隊員が切磋琢磨してお互いに成長できることは青年海外協力隊の醍醐味の一つかもしれません。

(2)『ティーチャーズ・ガイド』による地域の学校への普及啓発

環境教育モデル校の指定は、アウトリーチプログラムの機会の少ないメルー国立公園の隊員にとっては重要な活動場所を提供してくれました。ただ、このモデル校の取り組みだけでは、地域での普及成果の広がりが期待できません。そのため、私は、ＪＩＣＡの現地業務費の制度を活用し、『ティーチャーズ・ガイド』を作成することに挑戦しました（口絵ⅱページ参照）。二〇〇九年八月には、内容を検討し始め、データの収集に取り組みました。二〇〇九年一一月には、原案が完成し、上司のルーシーに加筆・修正をお願いし、シニアワーデン（公園長）に紙ベースで提出することができました。

私の期待したことの一つは、ＫＷＳが印刷経費の一部を負担することにより少しでも積極性を示すことでした。ただ、何回もシニアワーデンやルーシーに交渉しましたが、印刷代はＫＷＳの予算では高すぎて対応できないとの回答でした。結局、私はＪＩＣＡに印刷経費を申請することに決めました。

印刷会社の選定は、マウアにある印刷業者の中から相見積を行うことで、ある業者に決定しました。校正作業はこの印刷会社と隊員の間で行いましたが、初稿の出来栄えが非常に悪く、例えば、掲載画像の解像度が悪く不鮮明であるなどの問題がありました。その後も修正指示した内容が反映されないなど、やり取りは想像を絶する難航ぶりでした。それでもめげずに取り組んだ結果、二〇〇部のティーチャーズ・ガイドが無事完成し、シニアワーデンの巻頭言を掲載することもできました。

5.〈MOTTAINAI の心を育む〉ケニアと滋賀の子どもたち交流プロジェクト

カシシネ小学校を対象とした環境教育モデル校の取り組みの中で、大きな成果を出したのが、日本の学校との間で実施した国際理解教育です。日本との国際交流の取り組みについては、出国前からＪＩＣＡ大阪の推進員の方に、「滋賀県とケニアで国際交流の取り組みができたらいいですね」と話をしていました。グローバルな視点が重視される環境分野においては、国際理解教育は地域づくりに向けた大事な取り組みであると私は考えていました。

私は、滋賀県とケニアの学校の間で行う国際理解教育に関する複数の企画を立案し「国際理解教育に関する提言書」として取りまとめ、（財）滋賀県国際協会に提出しました。その結果、「〈MOTTAINAI の心を育む〉ケニアと滋賀の子どもたち交流プロジェクト」の名称で、二〇〇九年六月にＪＩＣＡ大阪で採用され、日本側ではＪＩＣＡ大阪が主体となり、国際理解教育の取り組みを進めていくことが決定しました。

このプロジェクトのアイデアは、ワンガリ・マータイ氏からいただいたと思っています。彼女は、一九七七年、有志と「グリーンベルト運動」（非政府組織）を創設し、植林運動を開始しました。これは単なる自然保護運動ではなく、植林を通じて貧しい人々の社会参加の意識を高め、さらには女性の地位向上を含むケニア社会の民主化に結び付けようとするものでした。これは、まさに、地域に種を播いていく地道な取り組みであったと想像できます。

一九九七年、「気候変動枠組み条約第3回締約国会議」（ＣＯＰ３）が京都で開催された際、大学の学友と一緒に、当時ケニア環境副大臣であったマータイさんの基調講演を聴きに行きました。そして、グリーンベルト運動や世界中に「MOTTAINAI（もったいない）」という言葉を広めていく彼女の取り組みを知りました。

ケニアに来てからも私は、カシシネ小学校のスタンレー校長にも、推進員の方にも、粘り強く説得を続けましたが、滋賀県の小学校で取り組んでみようという学校がなかなか見つかりませんでした。一番の問題は、事業計画が前年度の段階で決まっており、国際交流を導入しやすいと考えられた総合学習の時間でも、既に学習内容が決まっていたことです。

それでも、何とか滋賀県で手を挙げてくれる学校が見つかったと推進員から連絡を受けました。そこで第一弾として、模造紙に記事を書いたり、絵を描いて環境問題に関する情報交換を行う「環境壁新聞」の取り組みを始めることになりました。そして、湖北町立朝日小学校の六年生が「環境壁新聞」の作成に取り組み、成果物はメルー国立公園に隣接するカシシネ小学校に届けられました。私はすぐに、環境壁新聞の翻訳の作業を開始し、一一月一九日にカシシネ小学校の教室で、児童に披露しました。また、スタンレー校長には、朝日小学校の校長に宛てた挨拶文を書いてもらい、日本に送付しました。

朝日小学校に送付する環境壁新聞を作成する過程で、日本や滋賀県の基本情報やケニアの環境および野生動物に関する知識を再確認するため、一一月二四日にはムレラ教育センターで日本の紹介をテーマに児童および教員に対して講義を実施しました。

日本の自然、文化、保全政策などについての発表は、ケニアに来てからいろんな機会に行ってきましたが、今回はカシシネ小学校の児童を招待し、壁新聞作成の基本的情報を提供することを主な目的として実施しました。

一一月一九日、環境壁新聞の作品をカシシネ小学校で紹介した際、シニアワーデンやルーシーの代わりに教育部長となったチェリオットなどの公園幹部がカシシネ小学校を訪れ、国際交流のプログラムの実施に際しての挨拶を行いました。幹部が学校を訪問してこのプログラムの推進を働きかけてくれたことは、私にとって本当にうれしい出来事でした。その理由は、教育部局が従来から取り組んできた本来業務と私の活動のギャップを私自身が感じてきたからでしょう。

また、同じ日にカシシネ小学校児童が壁新聞の作成作業を開始しました。初日には、児童が到着した壁新聞を閲覧し、その後、作成する壁新聞のテーマおよび内容を決定するためのワークショップを開催しました。基本的に、教員が指導を担当することとし、当公園の職員が必要に応じて補助しました。

カシシネ小学校の教員。真ん中がスタンレー校長。

私は、滋賀県の児童が一生懸命に作成してくれた壁新聞をできる限り多くのケニア人に披露し、子どもたちの思いを伝えたいと考えました。そして、粘り強く機会を待っているとチャンスはやってきました。

まず、一つ目は、メルー国立公園のソーシャルホールの完成がきっかけでした。二〇〇九年一〇月にムレラのカンティーンの近くに完成したホールは、会議や小規模なイベントに使用する施設であり、幹部の会議や年金説明会などが行われていました。

メルー保護区の長（アシスタントディレクター）のロバートが離任することとなり、二〇一〇年一月一五日の送別会がこのホールで開催されることとなりました。ロバートは、私がメルー国立公園で活動を始めた時の公園長（シニアワーデン）で、いろいろとお世話になってきていましたから、ぜひご挨拶に伺いたいと考えていました。そして、送別会は、多くの職員に壁新聞を見ていただく絶好の機会と捉え、一週間ほど展示させてもらうことにしました。特に、送別会の当日は、かなりの人数の職員が熱心に英語に翻訳した記事を読んでくれました。

二つ目は、二〇一〇年二月二日に開催された、「世界湿地の日」（World Wetland Day）のイベント会場での展示です。この記念日は、一九七一年二月二日にイランのラムサールで締結されたラムサール条約を記念して国際的に定められたものです。その日を記念して、毎年二月二日を「世界湿地の日」とするよう、一九九六年に定められました。世界湿地の日には、湿地の恩恵や価値に目を向け、その維持と賢明な利用を達成するという、ラムサール条約や同条約の目的を達成するために、同条約について一般に啓発する取り組みが、世界中で行われています。

プログラムは、来賓の挨拶、植林、ゲストのスピーチ、住民団体のダンス、児童のドラマ劇、エッセイコンテストの入賞者の発表、サイの保護区にある干上がった河川

世界湿地の日のイベントで琵琶湖を紹介する子どもたち。

の見学です。参加者数は、八割が小学校・高校の児童・生徒で合計三〇〇人ほどでした。

壁新聞は、終日展示し、参加した児童・生徒たちに見てもらいました。事前にカシシネ小学校の児童に壁新聞の横で訪問者に対して説明するように伝えておいたこともあり、なかなか意義のある企画になったと思います。

STANLEY MWIKAMBA
HEADTEACHER KAITHITHINE PRY SCHOOL
P.O. BOX 11
MAUA - 60600

THE HEADTEACHER
ASAHI ELEMENTARY SCHOOL
JAPAN.

Dear sir/madam,

REF: ACKNOWLEDGE RECEIPT OF NEWSPAPERS

This is to inform you that we are very thankful for the newspapers that we received from your school. We have heard that Lake Biwa is the largest lake in Japan and also seen it from the photographs.

In Kenya around my school we have Meru National Park which border my school and it has many wild animals like Lions, Zebra, Buffaloes, Rhinos, and many others. We shall give you detailed information about wild life in Kenya. We enjoy seeing those wild animals.

In Kenya and also around my school we have problems of environment conservation. We shall give detailed information later. Thanks in advance.

Yours faithfully
STANLEY MWIKAMBA
HEADTEACHER.
KAITHITHINE PRY SCHOOL.

カシシネ小学校の校長スタンレー氏から湖北町立朝日小学校の校長先生に宛てた手紙。

6.〈日本の教育現場との橋渡し〉テレビ会議を通した子どもたちの交流

(1) はじめに

私は、滋賀県在住であり、派遣前から環境問題を切り口に、滋賀県とケニアをつなぐ「国際理解教育」の取り組みに関心がありました。琵琶湖を抱える滋賀県は、湖や森林の保全を中心に環境政策に力を入れてきた経緯があり、私の任期中に滋賀県知事であった嘉田氏は「もったいない」という言葉を県政推進のフレーズに掲げていました。一方で、ノーベル平和賞受賞者で植林運動「グリーンベルト運動」の主導者ワンガリ・マータイ氏は、この日本語を世界共通語「MOTTAINAI」として普及することを提唱しており、彼女の出身地がここケニアであるといった「縁」もこの取り組みに着手するきっかけになったと思います。

実は、ケニアに出国する前から私は、滋賀県国際協会に勤務するＪＩＣＡ推進員のＵ氏に赴任後の国際理解教育の実施について相談していました。私が提案した国際理解教育の企画は、ＪＩＣＡ大阪で採用され、「『MOTTAINAI』の心を育む滋賀県とケニアの子ども達の交流プロジェクト」（以下、交流プロジェクト）として予算をつけていただくことになりました。そして、派遣期間中に、滋賀県の小学校と任地のプライマリースクールの間で、交流プロジェクトを通して、国際理解教育を実践することができたのです。

本稿では、青年海外協力隊として関わった交流プロジェクトの取り組みのうち、テレビ会議について紹介します。

(2) 実現までの経緯

二〇〇八年六月二四日に日本を出国するまでに、私は先述したＵ氏と何度も国際理解教育や国際交流の実施について個人的な話をしていました。さらに、メルー国立公園に着任してからは、ＪＩＣＡ大阪だけではなく、ＪＩＣＡケニア事務所（以下、ケニア事務所）の協力を得る必要があると思い、U氏に加え、ケニア事務所の環境教育担当の調整員のA氏、私の大学の先輩でもあるK次長などにもその実現について相談しました。その結果、U氏を中心とした関係者の協力により、JICA大阪の交流プロジェクトの取り組みが本格化し、併せて、二〇〇九年九月以降、ケニア事務所が本格参入したのです。

一二月二日、テレビ会議の参加校が決まったとU氏から嬉しいメールをいただきました。希望校は、滋賀県高島市のマキノ東小学校です。二〇一〇年二月二四日、U氏はマキノ東小学校でテレビ会議の打ち合わせを行い、三月から五月に第四学年の児童が参加することが決まりました。小学校には光ケーブルによるネット環境が整備されていました。テーマについては、滋賀県には琵琶湖があり、マキノ東小学校ではカヌーに乗って、水辺の観察会などを開いているため、「水問題」が良いのではないかという学校の要望が確認できました。

ケニア事務所のテレビ会議システムを利用するため、カシシネ小学校の児童をナイロビに連れていく必要がありました。日本では何でもないことかもしれませんが、資金も車輌も不足がちなケニアでは容易なことではありません。その他にも、日本側の日程調整などが難航し、結局、交流プロジェクトが実現し、本格的に壁新聞のプログラムを実施できたのは、帰国まで半年をきった、二〇一〇年に入ってからでした。また、ケニアの小学校では、一月が年度始めであり、年始から新学期が始まるため、カシシネ小学校の第八学年の児童は、壁新聞は作成途中までしか関わることができず、とても残念なことでしたが、テレビ会議には参加できませんでした。

(3) テレビ会議の準備

テレビ会議では、両国の社会・経済の状況が大きく異なることから、通訳するだけではお互いに理解できない部分が多いです。そのため、事前にカシシネ小学校の児童には、日本のことを知ってもらう活動を行ったり、公園内をバスで周回し自然観察を行ったりと工夫しました。

また、テレビ会議の設備がナイロビのケニア事務所一六階のテレビ会議室にあり、日本と六時間程度の時差があるため、ナイロビに宿泊する必要がありました。そのため、テレビ会議の実施が決まってから、移動手段や宿泊先の確保のため動き回りました。そもそも、どこが経費を負担するかがはっきり決まっていませんでした。隊員の立場からすれば、配属先が率先して取り組むことを期待していたため、できるだけ配属先のメルー国立公園の予算から必要経費を負担したいと考えていました。しかし、「主体性」は押し付けるものではありません。結局、カシシネ小学校の児童が利用するナイロビの宿泊施設ＹＭＣＡの宿泊費の総額六万三〇〇〇ケニア・シリング（＝七万三〇〇〇円）はＪＩＣＡ大阪の予算を充てることとなりました。また、メルー国立公園の公園長ディクソンと協議した結果、ＫＷＳとしては、バスの貸与はできるが、ガソリン代は払えないということでした。そのため、ガソリン代は、ケニア事務所に対して、現地業務費[注(1)]を申請することとしました。私にとっては、ＫＷＳの主体性を少しは引き出せたという意味で、バスの貸与が実現したことは重要なことであり、達成感を覚えました。

　また、一般的にケニア人の時間感覚が日本人と異なることもあり、私には綿密なスケジュール管理が求められました。私は、直前の五月三〇日に、推進員のＵ氏にメールで次のような依頼をしています。その内容は、テレビ会議の実施日の前日に、ディクソン、KWS本部のポールへの電話をU氏からかけてもらい、今回はJICA大阪の予算で行う取組であり、公園側の協力が必要であること、六月三日は時間厳守（午前八時出発）で公園を出発すること、の二点を再確認してもらうことでした。結局、U氏から両幹部に連絡していただいたことも奏功し、予定通りナイロビに到着することができたのです。このように、ちょっとした根回しをしておかないとケニアでは事がうまく運びません。

五月一一日、一二日にテレビ会議の進め方と内容を決定するため、カシシネ小学校でワークショップを開催しました。また、五月一九日には琵琶湖に関する予備知識を備えてもらうため、児童を対象に講義を行い、五月二〇日にはテレビ会議の会場をイメージして発表の予行練習を行いました。

ところで、私がケニアで学んだことの一つとして、「資源の再利用」があります。これについては、ケニアの田舎に行くとどこでも発見することができました。針金、ペットボトルの蓋、空き缶などを利用してオリジナルの車（玩具）を工作し、外で遊んでいる子どもたちの姿はよく見かけましたし、ケチャップなどの空き缶で作られたランタンは売店で売られており、古タイヤで作られたサンダルも人気がありました。さらに、児童は学校に空きビンを水筒代わりに持ってきていました。先進国の日本では、このような活動を「エコクラフト」という造語を用いて推進していますが、ケニアでは、おそらくは貧困および物不足といった外部要因が理由で自然にリユースの発想が生まれていたのでしょう。テレビ会議ではこのような現実を日本の児童に伝えることができればと考えていました。その私の思いも踏まえ、テレビ会議でカシシネ小学校の児童が伝えるテーマを①ゴミ問題、②水問題、③野生動物の三つに決定しました。

(4) テレビ会議の当日

六月三日にＫＷＳの公用バスでナイロビに移動し、宿泊先のＹＭＣＡホステルにおいて、最終打ち合わせを行い、翌日、午前九時からテレビ会議の本番を迎えました。参加者は教員三名、児童二六名、ＫＷＳ職員一名、隊員一名となりました。マキノ東小学校は第四学年の児童が参加しましたが、一方で、カシシネ小学校の児童の多くは第八学年でした。ナイロビを初めて訪れた児童も多く、彼らはムレラ村の生活からは想像できない現実を目の当たりにし、相当衝撃を受けていた様子でした。

当日、朝食を済ませ、午前八時頃にＹＭＣＡを出発しました。バスは、調整員のＩ氏と約束した集合時間の八時半までにケニア事務所に到着することができ、最も高いハードルをクリアした気持ちでした。Ｉ氏から指示されたとおり、ケニア事務所が入ったビルの入口付近、地上のカフェの横で待機していましたが、児童たちは初めて見る高層ビルの風景に圧倒され、会場が一六階にあることを告げると、若干不安げな表情をしたのが印象的でした。

予定では九時からスタートでしたが、意外にも、定刻通り始まりました。ケニアに来てから、私が関わったイベント業務の多くで三、四時間の開始時刻の遅延が当たり前でしたので、相当安堵したものです。

いよいよ、インターネットと映像を通しての国際交流のスタートです。まず、ケニアのカシシネ小学校の児童は制服を着ていましたが、日本の子どもたちは私服であることに最初の違和感を覚えました。普段カシシネ小学校で見る制服は、兄弟の「お古」

の場合もあり、「お古」さえ手に入らない児童はボロボロの私服で通学していました。当日、会場に来た児童は全員同じ黄色と緑の制服でしたので、マキノ東小学校の児童にはケニアの小学校の現実が見えにくかったかもしれません。日本の子どもたちには帰国後ケニアの現状や実際に自分の目で現場を見ることの大切さについて話してあげたいと思いました。

最初にファシリテーターを任された私がスケジュールを説明し、カシシネ小学校の校長のスタンレーおよび児童代表のカマウ君が挨拶を行いました。そのあと、日本側のマキノ東小学校の校長と代表児童が挨拶を行い、カシシネ小学校の発表から始まりました。

カシシネ小学校は児童を三グループに分け、ゴミ問題、水問題および野生動物について、二名の代表児童が発表を行い、他の児童は後ろで立っているという方法をとりました。最初にキリスト教のお祈りをしてから開始する予定でしたが、児童は緊張のためか、それを忘れてしまいました。しかし、その後は、リハーサルを何回も行っていたこともあり、児童は問題なく取り組んでいました。なお、お祈りは、一グループ目の発表の最後に行いました。やはり、宗教上の慣習ですし、おろそかにはできません。

ゴミ資源の再利用の事例として、針金で作った玩具や、空き缶でできたランプ、ビニールで作ったサッカーボールなどを私が日本語で説明しましたが、ズームを使って大きく見せてもらいたいと言われたので、後で改めて紹介しました。二グループ目の水問題では、体をたらいを使って洗う方法のデモンストレーションを男子児童が行うことを予定していましたが、テーブルやイスがあったためスペースが確保できず、急きょ取りやめました。

最後に「木を植えよう」という歌を教員のチャールズの演奏で合唱しました。合唱の時は、日本側の児童は特に集中して画面を見ているように見えました。実は、前日に知ったのですが、児童全員が「コージ」と叫んで、私を指さすシーンがあり、その時に「コージは木を植える。私たちはそんなコージが好きだ」と歌っていました。私にとって、とても嬉しいサプライズでした。

日本側からはパワーポイントで画像を紹介しながら発表が行われました。ただ、画面を通した交流であり、通訳を介していることもあってか退屈そうにしているカシシ

ゴミ資源の再利用の事例として、玩具やサッカーボールなどを紹介する様子。

ネ小学校の児童が目立ち始めました。さらに、カシシネ小学校の教員も椅子の背もたれにふんぞり返っていたので、日本側の参加者には雰囲気が悪く感じられたかもしれないと危惧しました。日本で長年生活し、ケニアで生きている私には、どちらの国の規律も理解できます。ただ、ケニア人にとっての常識や美徳は日本人のそれらと異なることは、画面の向こうにいる日本の児童や先生が理解することは難しいだろう、と思いました。

(5) おわりに

二年間という限られた時間の中で、具

体的な「かたち」となった活動として、この交流プロジェクトは私にとって、とても意義深いものでした。コロナ禍にある現在、ビジネスの現場ではビデオ会議ツールが注目されていますが、国際理解教育の分野でも積極的に導入していくべきであると考えます。今後、本プロジェクトのような取り組みが活発化し、それぞれの国を訪問する若者が少しでも増えて、文化や考え方の相互理解が深まることを願っています。

注

(1) JOCVの受入国において配属先が抱える様々な問題の中には、予算的な問題などのため、資機材の不足等から効果的な活動が期待できない場合がある。この状況を、先方の自助努力を促しつつ解決するために、JICAがJOCVの活動経費を支給する場合がある。

7. ムレラ木工教室

二〇〇九年五月、公園周辺住民を対象に実施した企画コンペ「エコーツーリズム・コンペティション」を実施しました。審査の結果、第一位にジョン・マウンドゥ氏の「工芸教室における住民への工芸技術の普及と商品の販売を通した地域活性化および文化保全」（ESTABLISHMENT OF A CARVING SCHOOL AND CULTURAL DEVELOPMENT AT MURERA）が選ばれました。

このプロジェクト、多くの住民からツーリズムを通した野生生物保全のアイデアを募集するもので、可能な限り多くの住民に告知したいと考えていました。そのため、次のように色々と工夫して告知しました。

まず、ムレラ村やキウティニ村の電柱に告知のビラを画鋲で張っていきました。ケニアの電柱は木製であり、しっかりとビラを固定することができました。また、市民の足「マタツ」の車内の天井や側面に、テープでビラを貼らせてもらいました。この場合、マタツの運転手に少しばかりの手数料を支払いましたが、この話が広がって、何名ものマタツのコンダクターから、うちのマタツにも貼らせてほしいとお願いされました。また、キウティニ村では、マタツの待合室として東屋が設置されており、その壁にもビラを貼らせてもらいました。さらに、各集落でアンケート調査を実施する際にも、ビラを配り続けました。

このように、相当努力したにも関わらず、応募者は二名だけ…。集落説明会を行うなど、もう少し丁寧に進めるべきでした。

さて、工芸品を製作・販売しているジョンは、住民が工芸品を作って観光客に売るための学校を作りたい、そこでは特に子どもたちを対象にしたい、といった熱い思いを書き綴ってくれました。そして、何よりも共感を覚えたのは、工芸品の材料である木材を供給する森林の再生についても計画していたことでした。私はジョンの企画にかけてみることにしました。

ジョンは、マウアにあるホテルや、メルー国立公園のムレラゲートの付近に露

ムレラ村で始まった木工教室の様子。

店を設け、よく工芸品を販売していました。二〇〇九年七月一五日、マウアのホテルの前で工芸品を販売しているジョンに会って、彼が企画したプロポーザルがエコツーリズムアイデアコンテストで優秀賞を受賞したことを伝えると、近くにいた彼の仕事仲間と一緒に手を取り合って喜んでくれました。

このプロジェクト、もともとゼロ予算で開始しています。当初の私の頭の中には、アイデアを募って、取り組む事業を絞り込み、徹底的にファンディングに取り組む、というストーリーがありました。

私は、彼に受賞を伝えてから間もなく、UNDP（国連開発計画）の助成金の申請書のコピーを渡し、ハダカデバネズミの置物のようなものを作れないのかといった提案をしました。

二〇一〇年二月九日、協力隊の活動も終盤に差し掛かろうかというこの日、私がマウアの町を歩いていると、ジョンと一緒に工芸品を製作し、販売しているサミュエルが声をかけてきてくれました。彼は、私をマウアのホテルまで連れて行き、併設されている土産物店でハダカデバネズミの工芸品（壁掛け）を見せてくれたのです。

このハダカデバネズミの企画については、ジョンからほとんど反応がなかったので、忘れられているものと思い込んでいました。作品自体は、ハダカデバネズミが本物の特徴を出っ歯以外はほとんど捉えていないものでしたが、彼らの誠実さに対し、私はとても感激しました。

第四章

協力隊として国際貢献する意義

1．自然環境の保全に向けた地域づくり――一人の隊員の答え

⑴ 活動を通して任地に播いた種

私の活動は、自然環境保全を大きなテーマに掲げた、「環境教育」と「地域づくり」に関する普及啓発の取り組みでした。活動初期に個々のプログラムをＰＤＭに整理した結果、その後の活動にある程度の一貫性を持って取り組むことができたと思っています。

地元の人々の多くは、雨量の少ない半乾燥地という過酷な自然環境のなかで、農業や畜産業に従事しています。そのような地域社会で自然環境の保全意識を高め、持続可能な社会に向けて主体的に行動できる人々を増やしていくことは容易なことではありません。ただ、それでも私は自分の役割は少しでも多くの人々に働きかけていくことであると考えて活動しました。そのため、私の活動の成果を評価するために、地域

数百頭の家畜が違法に公園内に侵入した時には、同僚と一緒に20㎞近くの距離を歩いて家畜を追い出した。

の人々や同僚の意識や態度の変化の視点から次のように振り返ることができます。

任期の後半に入り、メルー国立公園の同僚の各プロジェクトへの関わりが変化してきました。モデルスクールプロジェクトでは、カシシネ小学校のプログラムをシニアワーデン（公園長）や同僚が見にきましたし、ナイロビで開催したテレビ会議の際には同僚が全行程に参加しました。エコミュージアムプロジェクトでは、キナエコミュージアムの現地視察には同僚が参加し、メルー国立公園で行われたエコミュージアムに関する協議の場にはKWSの幹部が出席しました。

一方、地域社会で関わりがあったプロジェ

クトのメンバーにも変化がありました。マカはエコミュージアムの概念を取り入れて、マルカビサナンディ文化村のウェブサイトを構築しました。ジョンはムレラ木工教室を自ら開校し、サミュエルは私がハダカデバネズミの置物を提案してから、バナナの皮を活用するなど工夫してハダカデバネズミの壁掛けを完成させていました。

このように振り返ると、ロジカルなＰＤＭの枠組みのなか、無我夢中で活動を展開した結果、任期が終盤を迎えた頃から主体性の芽がポツポツと出てきていたのかなと思います。どれも細やかな出来事かもしれませんが、私の帰国後、人々の行動として現れてくる成果もあったのではないかと期待しています。

(2) 記録することの重要性

私はもともと文章を書くことが得意ではありませんでした。ただ、ケニアでの国際協力活動が私にとってかけがえのない経験になることが分かっていたので、書きとめて記録に残すことに決めました。このような意識を持って活動していたことは、ケニアの日刊紙 Sunday Times の記事（二〇一〇年三月七日）の掲載や、学校関係者や地元住民の意識調査のデータをもとにしたレポートや論文を執筆といった成果につながりました。

また、日本、特に滋賀県に対する社会還元という〝仰々しい〟目標を掲げていましたので、テレビ会議や壁新聞を通した、カシシネ小学校と滋賀県の小学校の交流プロジェクトに加え、隔月の『メルーレポート』を日本の職場の同僚に送ったり、JICAを通して国内の新聞社に記事を掲載してもらったりしました。このように情報発信していくためにも、書いて記録しておくことが重要なのですが、私は文章を書くことが苦手だったため少し苦労しました。これから海外ボランティアに挑戦していく若手のみなさんには、早めに文章を書く力を身に着けておいていただくと良いと思います。

(3) 調査のために活動したのではない

情報収集は、組織や地域と一定の距離を置きつつ、それらの状況を客観視する側面があるかと思います。私はそのような立場でメルー国立公園の同僚や地域住民と関わりたかったのではなく、ある意味、〝運命を共有する〟ような気持で同目線で課題に向き合いたい、という強い思いがありました。そのため、情報収集とそのアウトプットは二年間の地域活動の成果を世界に広げたり、次世代に残すという時空間での共有という側面で大切ですが、その時々、現場で求められている役割に向き合い続けました。

当初から、ケニアのメルー国立公園で地元住民が主体の自然環境保全の取り組みが進められていく基盤をつくりたいという思いで活動していました。もちろん、KWSの職員や地元住民のなかに、本当の意味での「主体性」を育むことは簡単なことではありませんでした。このことは、日本での学習指導要領で改正のたびに「主体性を育む」という内容を盛り込んでいることからも理解できます。それでも、協力隊なら、熱意を持って、本音で向き合うことにより、地域に主体性の芽を育むことが可能なのではないか、と信じて私は活動を続けました。そして、国が違っても、困難な状況の中でも、自分自身の意思を伝えることで、きっかけの扉が開くことを実体験から学びました。

多くのプロジェクトは軌道にのったとはいえませんが、テレビ会議やムレラ村の送別会で「一人の協力隊員が植林する」というメッセージを彼らの意思で伝えてくれたことが印象的でした。私のエコミュージアムの拠点の一つ、キナでは、地元の団体がエコミュージアムの運動を継続しています。ささやかながら、私の活動の継続している成果の一つが目に見える形で現場に残されていることにとても勇気づけられます。

また、ケニアで生活して、協力隊員やＪＩＣＡ関係者を始め、多くの日本人に助けられました。特に、ナイロビには、協力隊員の待機所があり、ナイロビ滞在に日本人が多いこともあり、任地以外の居場所があることはとても有難く思いました。

⑷ 協力隊での生活は人生の縮図

同期隊員の一人は、協力隊は部活動のようなものであると言いました。実際に、二年間という限られた時間のなかで、自分自身のできる精一杯の努力によって与えられた役割を果たすという意味で両者は似ています。

私は、協力隊時代を振り返る時、二年間が人生の縮図であると考えることがあります。この本を書いている時、私たち夫婦に第一子が誕生しました。産まれたての時、声が聞こえる方向に視線を向けて音に集中している様子などから、この世の中のさまざまな環境に適用しようと懸命に努力している姿が印象的でした。隊員としての任地での生活は、まず、社会や人々の慣習、生活環境を知るところから始まります。そして、人を知り、地域社会を知り、隊員に与えられた役割を果たしながら、活動の方向性を模索していきます。まさに、協力隊の二年間は、人生の縮図といえるでしょう。

ところで〝少し飽きっぽい〟ところのある私は派遣前に次のような目標を立ててケニアに向かいました。

「二年間の活動を最後までやりきる!!」

私は、協力隊の二年間の活動を妥協せずにやり抜いたという点で自負しています。また、「二年間現場の課題から目をそらさずに活動を継続した」という意味で、私にとって大きな成功体験となりました。離任直前に地元の住民、小学校児童、職場の同僚から心のこもった感謝の気持ちを表現してもらいました。これは、厚かましいくらいにメルーの環境保全に情熱を注いだ二年間の取り組みが、地元の人々からもある程度評価された証であると私は帰国後に思い返しました。そして、人生の縮図としての協力隊の活動が充実したものであったと確信しています。

2. 刻々と変化する自然環境を巡る問題

⑴ 移りゆく法制度や社会の動向

自然環境は世代を超えて継承していくべきものです。ただ、取り巻く問題は私たちの社会と密接な関係があり、時代とともに変化していきます。例えば、日本の森林は戦時中に伐採が進んだ後、拡大造林によって人工林の割合が急増しました。最近では、森林所有者の高齢化と世代交代が進み、所有する森林の境界が分からない山主が増えていることが問題となっています。私が活動していたケニアなどの途上国の場合、自然環境を巡る状況はさらに早いスピードで変化しています。ケニアでは、私が二〇一〇年に帰国してから、次のような問題が顕在化してきました。

まず、環境保全に向けた法制度や取り組みにおいては、いくつもの改善点が認められます。例えば、ロイターによると、二〇一七年八月二八日、環境保護対策として、ポリ袋の製造・販売・使用を禁止する世界で最も厳しい法律の施行が開始されました。また、メルー国立公園で生息し、絶滅が危惧されているグレービーゼブラの保全に向けて、住民が協働で生息状況の調査を行うGreat Grevy's Rallyの一回目の調査が二〇一六年一月に実施され、ケニアを含む四か国で一一八チーム（五〇〇人）が参加しました。

(2) 普遍的な価値をもつ私たちの行動

一方で、『ガーディアン・ウィークリー』（国際版）によれば、ライキピア地域では二〇一七年一月、数千人の遊牧民が家畜の牧草を求めて地域住民と衝突し、ゾウやキリン、シマウマ、ライオンを殺す事件が発生しました。残念ながらこのような野生動物保護と住民生活の軋轢の問題は未だに解決されずに残されています。さらに、私がケニアにいた頃はナクル湖には無数のフラミンゴが生息していましたが、水質汚染による個体数の急減が新聞などで報道されています。本書で取り上げたナイバシャ湖でも、未だに水質汚染や外来種の問題が解決していないようです。

このように、私が帰国した二〇一〇年頃からのケニアの自然環境を取り巻く状況は、新たな政策手段が登場しているものの、野生動植物の生息環境の現状は改善されてきたとは言えません。

自然環境は、原生状態が維持されている自然もあれば、人為的影響を受けてきた自然もあります。各時代の社会的な背景が自然環境を変化させるため、現在の私たちは自然環境を見ることを通して、先人の自然環境への働きかけを想像することができます。また、私たちが自然に加える人為は次世代が見るであろう自然の姿に影響します。ここに、地域づくりや環境教育における時代を超えた普遍的な重要性があると私は考えます。

3．協力隊員がゴールではない

(1) 私のキャリアプラン

私は、大学院で生態学の研究をしていた時期、大学の研究者に憧れを抱いたことがあります。ただ、研究活動のみを通して自然生態系を見るのではなく、それに関わる実務経験にも関心を持ち、国際協力や行政事務を経験することにつながりました。

ルソーは、教育者のあるべき姿について、「先生方が生徒に教えるものは何か？一に言葉、二にも言葉、始めから終わりまで言葉ではないか」と述べ、教師や親の子どもに対する「こころ」の向き方が問題であり、制度および教科書などよりも、教育者の経験が重要であることを指摘しています。私は、ケニアから帰国後、協力隊の経験を講演会で児童や社会人の方々にお伝えする機会をできるだけ得るように努力してきたつもりです。また、仕事では、森林組合や森林所有者などの森林・林業関係者の方々に対する普及業務のなかで、可能な限り協力隊の経験で得た知見を活かす努力をしてきました。さらに帰国後、論文博士として個人的に研究活動に取り組み、二〇一一年一月に念願の博士号（環境科学）を取得しました。

自然環境の保全という大きなテーマに教育という観点から向き合っていきたいというのが、私が学生時代から描いてきたキャリアプランです。そんな私にとって、書籍や論文を読んだり、書いたりするだけではなく、長期間、身をもって国際現場を経験する機会は、同テーマを生きた学問にしていくために極めて重要なものでした。協力隊員はゴールではありませんが、どのようなキャリアプランであっても、それを達成するための心強い糧になると思います。若い読者の方はまず、キャリアプランと、その中での国際協力活動の位置づけを考えてみても良いかもしれませんね。

(2) 感銘を受けた二つの出来事

二〇一〇年五月に入ると、少し切ない気持ちになりながら、任地のメルー国立公園を離れる準備のため、自宅で部屋の片づけをする日がでてきました。同年六月一五日、

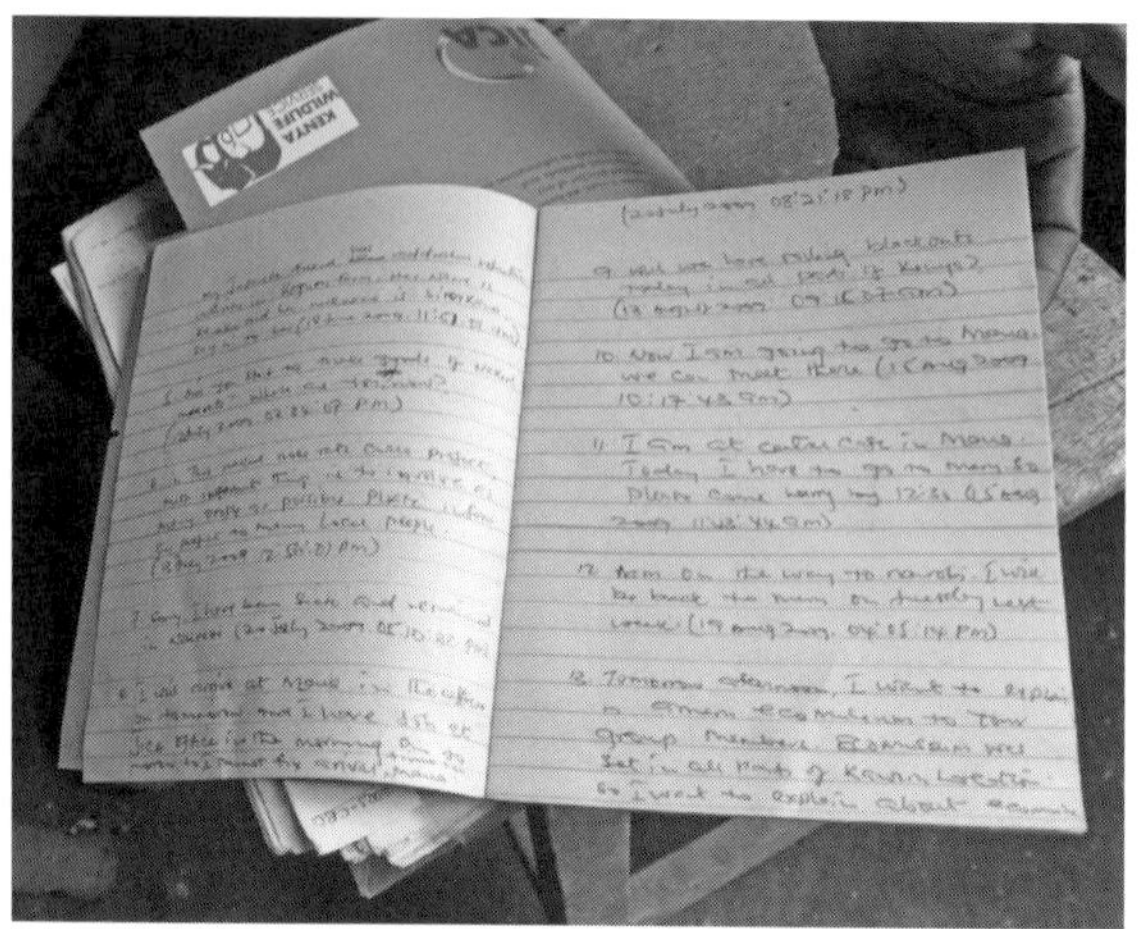

ジョセフは私との打ち合わせの内容をノートに記録していた。

ケニアでの協力隊としての活動期間が終わりに近づいたこの日、私の活動を振り返る際に重要な二つの出来事がありました。

一つ目は、友人のジョセフの家を訪ねた時の出来事です。私は、日本に帰国する前の最後の挨拶のため、メルーエコミュージアムの活動を中心に一緒に頑張ってきたジョセフの自宅を訪問しました。こまめに書いてきた日記を読み返してみると、彼の登場回数は一位、二位を争うに違いありません。この日も彼はギゼリ（ケニアの代表的な豆料理）とチャイをごちそうしてくれました。「たくさん食べていけ」と言ってもてなしてくれる彼の心意気が嬉しかったことを今でも思い出します。

この日初めて知ったことなのですが、彼は私が携帯電話のショートメッセージで送った文章をすべてノートに記録していたのです。彼が、真摯に私と向き合い、プロジェクトに真剣に関わってくれていると日々感じていましたが、まさかここまで向き合ってくれていたとは想定外でした。こんなことは、もっと早く知っておきたかったと私は悔しく思いましたが、同時にとても嬉しかったのです。

二つ目は、同日の午後に参加したムレラ村の住民による送別会の時の話です。私は、この送別会に村長のジョンから招待を受けていました。参加してくれた住民の多くはキャメラノSHGのメンバーでした。私の環境教育プログラムの一つ、「ムレラ木工教室」の推進母体です。

(3) 植林とハダカネズミ

ムレラ村の屋外の広場で行われた送別会では、記念品をいただいたり、地酒を飲ませていただいたり、ダンスで歓迎してくれたりと、とても心のこもった〝オモテナシ〟をいただきました。「木工教室」では、植林をして、その樹木を材料として商品を作るという持続可能な取り組みを計画しており、その内容で国連の助成金の申請書を書いたこともありました。送別会では、この計画に関連付けて、私に実際に植林させてくれたのです（口絵 i 参照）。苗木代も彼らにとっては安くはないと思いますが、私の木工教室にかける思い、そして収益という具体的な成果を得る前に帰国しなければならない私の心境を気遣ってくれたのかもしれません。しかも、私の植栽した木を示す看板まで事前に作成し準備してくれていました。彼らが最後に見せてくれた、私がそれまでのケニアでの生活ではほとんど感じることがなかった心意気には、本当に感謝しています。そして、なによりも、私が理想としている木工教室の形を、最後に私自身に経験させてくれたことに対し、ムレラ村の住民によるこれからの地域づくりの取り組みに希望が持てた気がします。

また、送別会でいただいたプレゼントの中に、ハダカデバネズミをモチーフにした壁掛けがありました。実は、この企画も、私が道半ばにしてたどり着けなかった挑戦の一つでした。この壁掛けのサンプルを持ってメルー国立公園内にある高級ホテルに営業に行ったこともなつかしく思い返しました。

送別会でいただいた作品は、ホテルに営業した時の物よりも本物のハダカデバネズミに近い出来栄えでした。そして、二年間は短いですが、ちょっとした些細な出来事がささやかな成果につながること、人々との出会いが活動の支えになっているということに気づかされました。私のケニアでの二年間は、活動序盤に作成したＰＤＭの目標の達成に向けて、貪欲に私自身のやるべきことを模索し続けた贅沢な時間でした。

第五章

ケニア・ファイル『暮しと旅の体験記』

ファイル１

カカメガ地域の住民活動

⑴ 視察旅行のガイドはキープのスタッフ

私は、二〇〇九年四月一八日にカカメガ森林保護区のＫＷＳ所管エリアにあるキープの事務所を初めて訪問しました。キープのスタッフたちに、私がメルー国立公園に配属されている隊員であり、公務での視察旅行であることを伝えると、キープのメンバーである地元のルヤ族の男性、ソロモンさん（二九歳）がガイドを引き受けてくれることになりました。

ファイル１では、二〇〇九年五月一五日にＪＩＣＡケニア事務所に提出した報告書「カカメガ森林保護区周辺地域における住民団体の環境保全活動に関する取組状況」を紹介します。

カカメガ森林保護区周辺地域における住民団体の環境保全活動

○概要

日時　二〇〇九年四月一八日、四月二〇日
場所　WESTERN PROVINCE, KAKAMEGA NORTH DISTRICT
行程　各住民団体（CBO）の活動現場を視察
通訳　Solmon Isiye Watai 氏（KEEP 会員）
目的　住民主体の環境保全活動の取り組みについて、活動の経緯、取組状況および課題等を把握する。

○背景

カカメガ森林保護区は、ケニアで唯一の熱帯雨林であり、ザイール、ウガンダおよびケニアに分布するGuineo-Congolean 雨林の最東端に位置する。当保護区は、ビクトリア湖から三五キロメートルの距離に位置し、重要な水源林でもある。周辺住民はこれまで、用材や燃料、薬の原料、食料などの供給の場として、また祭事や宗教の場として、森林に依存して生活してきた。

当保護区には、三〇〇種以上の鳥類、貴重な霊長類であるコロブス（Colobus monkey）などが生息し、生態学的にも重要な地域となっている。しかし、農地開拓や過度の森林伐採などにより、過去三八年間に森林面積が半減し、現在は二三〇平方キロメートルまで縮小した。

このように、社会・文化的にも生態学的にも貴重な森林を保全するため、昆虫生理生態国際センター（International Centre of Insect Physiology and Ecology＝ＩＣＩＰＥ）が中心となって、カカメガ森林保全統合プロジェクト（Kakamega Forest Integrated Conservation Project）を推進している。本プロジェクトの援助機関は、The MacArthur Foundation、The Packard Foundation、The United Nations Development Program/Small Grants program などであり、その他にも多くの機関[注(1)]が協力して、以下の目的の達成に向けて取り組んでいる。

①地域住民主体の環境教育の取り組みを通して、地域住民や学校生徒が生物多様性のメカニズムや保全の重要性、森林破壊の影響、森林へのかく乱を減少させる代替的取組などについて認識すること

②森林由来の燃料や飼葉の利用に代わる代替手段、薪の低燃費消費に関する技術やアグロフォレストリーの普及啓発

③森林由来の資源に代わる収入源として、養蜂、養蚕および薬草生産技術の導入、信用機関の設置など

④現存の森林資源を管理するために、特定の分類群の生物目録の作成、分類学や土地利用などに関する専門家を養成するための指導

伝統家屋を再現した宿泊棟。

⑤人口増加率を現在の二・五%から減少させ、二〇二〇年には二・一%を達成する。

今回の視察においては、本プロジェクトに取り組んでいる地元の住民団体の活動現場を訪問し、メンバーから直接聞き取り調査を行った。

注

(1) 参加機関は、Department of Resource Surveys and Remote Sensing, Ministry of Environment and Natural Resources(DRSRS), Forest Department(FD), Intermediate Technology Development Group(ITDG), International Centre for Research in Agroforestry(ICRAF), BIOTA, Kakamega Environmental Education Programme(KEEP), Kenya Forest Research Institute(KEFRI), Kenya Ministry of Agriculture, Kenya Rural Enterprise Program(K-REP), Kenya Wildlife Service(KWS), Kisumu Medical and Education Trust(KMET), Muliru Farmers Conservation Group, National Museums of Kenya(NMK), Smithsonian Institution(SI), University of Nairobi(UoN)

(2) 視察結果―八地域を訪問

① Debrazza

所在地：Kakamega East District, Kambiri Location
代　表：Patrick inziani
会員数：一五人（常勤三人）

管理人のクリダーさん（男性）が対応してくれた。施設は、森林北部を管轄するＫＷＳのゲートのすぐ近くにある。

団体が管理・運営する宿泊施設（バンダス）には、電機、水道などは整備されておらず、毎日五〇メートルほど離れた川から水を汲んでくる。訪問記録を見ると、スウェーデン、イスラエル、ベルギー、フランス、アメリカなどから観光客が訪れているが、その多くは見学が目的で宿泊者はほとんどいない。「Isukuti」「Ishriri」と呼ばれる伝統ダンスが披露されるほか、住民による昔話の語り、伝統料理の提供といったサービスがある。一キロメートルほど離れた保護区内（公園内）にあるＫＷＳ管理の宿泊施設「ウドバンダス」が類似のサービスを提供しており競合するが、クリダーさんは、安い宿泊料金や入場料がかからないこと、幹線道路に近いことなどが当施設の売りであると説明してくれた。なお、当バンダスに宿泊する場合は、公園の入場料二〇USドル（＝約一八〇〇円、二〇〇九年当時）を支払う必要がある。課題は何かと質問すると、効果的な宣伝方法の確立とソーラーパネルの設置などを挙げた。

② Lusero Forest Prevention Youth Group

所在地：Kakamega East District, Kambiri Location

代　表：Ben Maikuva

会員数：一五名

対応者は、Called Khazenzia（経理担当）である。彼女は蚕を飼育している小屋の中を案内し、幼虫と餌を入れるための大量のケースが並べられている棚の横で、我々の質問に答えてくれた。

当団体では、UNDP（国連開発計画）、ICIPEおよびIFAD（国連農業開発基金）から助成を受けながら、養蚕や養蜂に取り組んでいる。これらの援助機関は、蚕の幼虫の餌となるマルバリィ（Mulbery）の苗木の供給や、飼育小屋の資材として、木材とトタンの提供などに取り組んでいる。一五人のメンバーがそれぞれの家の庭で合計五〇株のマルバリィを接ぎ木により植林し育てているが、幼虫の餌としては十分な量ではないそうだ。また、会員の多くは、見返りの少ないプロジェクトであると思っており、マルバリィの栽培本数はなかなか増えないという。昨年は、干ばつのため、マルバリィが枯れてしまい、カイコが育たなかったという。平均すると、二キログラムのマルバリィの葉から約四キログラムの繭が採取でき、それらの繭を一キログラム当たり一八五ケニアシリング（＝約二一〇円）でＩＣＩＰＥに買い取ってもらってい

新型の巣箱は、巣や若虫を傷めずに、必要な部分だけ採集できる。

養蚕の取組みについて説明するCalledさん。

る。ＩＣＩＰＥは買い取った繭を加工し、衣料品店など地元のマーケットに出荷している。原料の卵については、ＩＣＩＰＥから無料で定期的に送付されており、卵の付着した一〇センチメートル四方の用紙を用いている。彼女の話では、将来的には有料になる見込みである。

売上の分配は、蛹を売った後に利益を平等に分配しており、昨年の一一月には、各会員に対し、一人当たり約一〇〇〇ケニアシリング（＝約一一七〇円）の収入を分配した。

この団体は、養蚕の他に、養蜂や食欲増進などの効果のある薬草「モディア」の栽培にも力を入れている。養蜂は、二〇〇七年から始まり、新型の巣箱をＩＣＩＰＥから無償供与されている。商品は、カカメガタウンなどのローカル市場に出荷している。収穫時期は二月から三月。彼女は、収入で除草剤を買ったり、学費を払ったりして、大変生活が楽になったと話してくれた。蜜蝋を材料にしたキャンドルやワックスの作り方は、既にＩＣＩＰＥから指導されているが、まだ実践したことはないという。今後は、繭、蜂蜜といった一次産品の生産に留まらず、さらに付加価値を付けた製品づくりが課題であろう。

③ **Jalibu Women Group**

所在地：Kakamega North District, East Kabras Location

代　表：Lavan Lihungu

会員数：二五名

ラバンさん（七四歳）は、官庁を退職後、一九八七年に本団体を設立した。彼が所有する約二万四〇〇〇平米の敷地内には、さまざまな野菜が栽培されているほか、外来牛を飼育し、養蜂や自作の生簀でのティラピアの養殖まで行っており、ここだけで自給自足の生活ができるようになっている。彼は、施設内を隈なく案内してくれたが、口調からは揺るぎない自信が感じられた。

生簀（いけす）に餌を撒くラバンさん。10cm ほどの大きさのティラピアが多数確認できた。

牛は牝牛が三頭、雄牛が一頭飼育されており、政府機関のBukwra Institute of Agricultureで購入したものである。生簀のティラピアは、キボシという町から持ち込まれたもので、ここで養殖してから、ローカルマーケットに出荷するという。現在まで、八人の会員が自宅に同様の生簀を作っており、徐々に養殖の取り組みが普及しているようだ。団体の得た収益は年末に会員間で均等に分配されるという。

彼は、このユニークな発想を農業省の官僚時代の経験から得た。取り組みの噂を聞いて、ICIPE、IGRAF、ナイロビ大学など多くの関係機関からの訪問者は絶えないという。

今後の展開としては、給餌が必要なティラピアに代えて、プランクトンのみで養殖が可能な種を導入し、生産コストを削減するといった工夫や、過密養殖で問題となる魚病を防ぐために石灰散布を行うなどの対策が必要となろう。

④ **Ivakale Youth Group**

所在地：Kakamega East District, Kambiri Location

代　表：John Muremi
会員数：二三名

一九九六年に設立されたCBOで養蜂や有機農法に取り組んでいる。当日は、代表で牧師のジョンの奥さんに対応していただいた。養蜂や巣箱の作成方法などの指導は、畜産省やICIPEの職員がボランティアで行っている。巣箱の材料は、ユーカリの苗木（二〇ケニアシリング＝約二三円）でローカルの市場で購入している。製品の巣箱は地元の市場で販売している。なお、ICIPEおよびUNDPは、生産方法等の指導のほか、木材や釘、アルミニウム板などの建築材料の提供を行った。

有機栽培の方法は、ICIPEと農業省の職員が指導した。ここではこの五年間、化学肥料は使っていないが、農薬は使用しているそうだ。価格は以前よりも上がったが、地元の市場に出荷し、少数の品質にこだわる住民に好評であるという。

代表の話では、野菜の本来の味が維持されることや、化学肥料よりも有機肥料の方が安価であることなどにより経営が成り立っているという。

⑤ Jitegemee Agricultural Development Group

所在地：Kakamega North District, Sohth Kabras Location

代　表：Jacob Lubura

会員数：二二名（男性二名）

二〇〇六年から活動を開始した若い団体で、メンバーが所有する一万六〇〇〇平米の敷地内で、バナナの組織培養、グアバを原料としたジャムの生産、乾燥野菜、マッシュルームの生産および養蜂を行っている。今回視察した団体の中では、唯一商品加工を行っているグループである。乾燥野菜は、乾期の備蓄用の野菜であり、沸騰した水で茹でた後、しばらくの間、天日干しするそうである。養蜂については、トップ・バー・ハイブ方式を採用している。この方式の利点は、巣箱の中の蜂蜜が溜まった部分だけを効率的に取り出すことができ、必要以上に若虫を殺さず済むことである。

一方で、欠点はプロポリスが取れないことであるという。プロポリスには、強壮材としての作用に加え、殺菌性、抗酸化性、抗炎症性、抗腫瘍作用などが報告されている。ただ、地元では、プロポリスについて知っている住民はほとんどおらず、需要も低いそうだ。しかし、近年（調査当時）、ブラジルで一部の養蜂農家が蜂蜜からプロポリスの生産に切り替えた事例があり、プロポリスの生産が始まる可能性がある。出荷先については、South Kabras Honey and Hive Product という地元の会社と提携し、製品を店舗で販売している。これらの取り組みは、UNDPおよびICIPEから助成を受けて行われている。ここでは、マッシュルームの生産の取り組みについて、さらに詳しく報告する。

当団体では、室内でマッシュルームを栽培しており、現在二通りの手法を試している。従来からある地元で入手可能な小さなビニール袋（三〇×二〇㎝）に培地と菌糸体を入れて、棚に置いて栽培する方法に加え、最近は長さ二メートルほどの

商品を手に持ちカメラに向かうスタッフのみなさん。

細長いビニール袋をナイロビで購入し、それに培地と菌糸体を入れ、天井から吊るして培養する方法を試行的に実施している。前者の利点は、ビニール袋がカカメガで入手可能であるため輸送コストを抑制できる点や、多くのビニール袋を使用するため、他種の菌類が侵入して培養に失敗しても、リスクを分散させることができる点などが挙げられる。また、後者の利点は、棚に置かず、天井からつるすためネズミなどが近づけないこと（食害防止）、大きな袋を使うため全体を通しての作業量が少なくなること（人件費抑制）であるという。マッシュルームは、子実体（しじったい）を地元の市場で販売するほか、お粥用のマッシュルームパウダー（マッシュルーム、シコクビエおよびキャッサバを粉末状にして混ぜたもの）を疾病患者にキログラム当たり一〇〇ケニアシリング（＝約一二〇円）で販売しているという。

特筆すべきは、菌の培養には、サトウキビの生産工場で、生産工程で排出された残材（搾りかす）を使っていることである。これらの残材は、地元のサトウキビ工場が無料で運んできてくれる。本来ならば、工場から焼却場に運ばれて焼却処分されていた残材がこのような形で有効に活用されている。ＵＮＤＰの助成は、菌糸体の供給と栽培方法などの指導に対して行われている。また、KAPP（Kenya Agricultural Productivity Programme）のプロジェクトにおいて、MMUST（Masinde Mulire University of Science and Technology）の学生が栽培方法の指導や菌の提供を行っている。現在、四つのCBOグループに対してマッシュルームの栽培方法を指導している。メンバーからは、「子どもの学費を払えるようになった」「栄養価の高い食事を摂れるようになった」と喜びの声が聞かれた。

⑥ Tovo Women Group

所在地：Kakamega North District, Kabras Location
代　表：Phip barasa
会員数：二五名

二〇〇五年に設立された比較的新しいCBOである。二五名の会員のうち、継続して活動に参加しているのは、一四名とやや少ない。畜産、トウモロコシ、ジャガイモおよび豆類などの栽培ならびに南アフリカ原産のユーカリの一種の植林などを行っている。

野菜の栽培は、木材生産と異なり、短期間に収穫できるので、収入を安定させる効果もあるとフィップさんは言う。

植林地で収穫した木材は、電力会社「ケニアパワー」に電柱用として販売しており、苗木は地元CBO「Malaba Friend of Tree Environmental Group」から一本当たり一〇ケニアシリング（＝約一一円）で購入している。二〇〇六年五月五日には、利益で牛を買い、二〇〇八年一〇月には生まれた子牛をメンバーに分配した。毎年一一月には銀行に預金してある収入をメンバーに均等（昨年は一人当たり二〇〇〇ケニアシリング）に分配するそうだ。このような植林に関するプロジェクトでは、収穫まで長期間を要し、関係者の情熱を温存することが難しい課題である。

⑦ Lusumu Pottery Women Group

所在地：Kakamega North District, Shrugu Location

代　表：Jacob Masitsa

会員数：一五名

活動地である代表の自宅を訪問したが不在であり、息子のエドウィンさん（一八歳）と娘のマーシーさん（一六歳）に聞き取りを行った。本団体も二〇〇八年に設立された若い団体である。

この団体は、効率的に薪の熱を利用し、薪の浪費を低減することができる「ジコ」（ＪＩＫＯ）と呼ばれる簡易かまどを生産している。敷地内には、ジコを焼くための炉（Kiln Stove）、原料となる粘土の堆積場、製品を保管するための納屋がある。ＵＮＤＰおよびＩＣＩＰＥから、製品を保管する建物の屋根に使用するトタンの提供や製品の生産指導などの支援を受けている。活動を始めた当初、ＩＣＩＰＥから職員が来て、直接炉の設計方法を説明したそうだ。

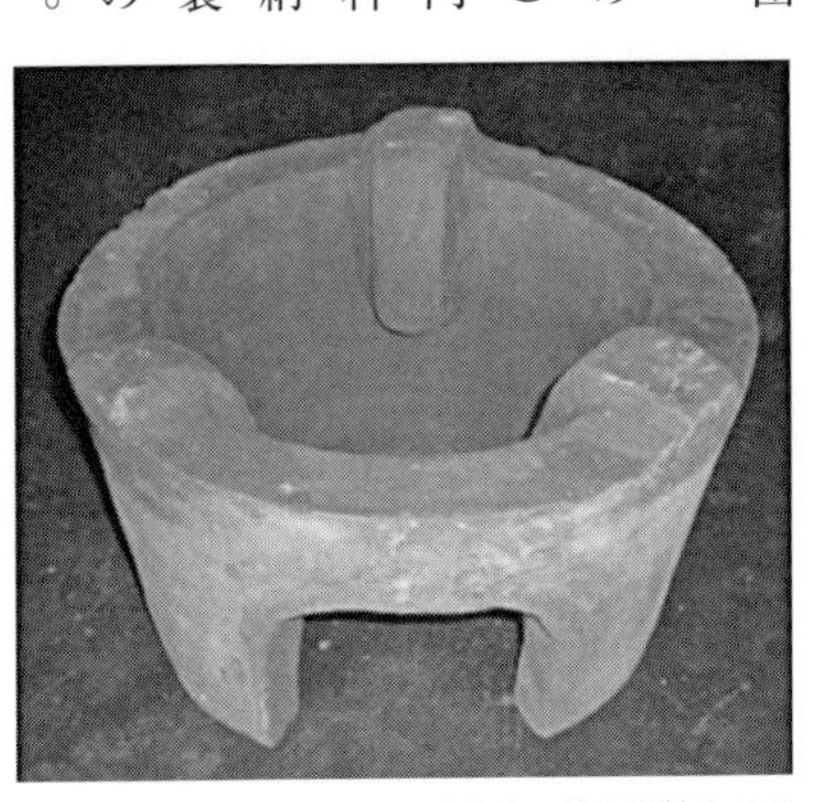

森林伐採を抑制するため、効率的に薪を燃焼させるジコの普及が期待されている。

材料は、付近の河岸やシロアリの蟻塚から取れる粘土で、一トン当たり一五〇〇ケニアシリング（＝約一七〇〇円）で購入している。炉で一回当たり一〇〇個のジコを焼くことができる。現在までの売上は一五〇個であり、施設内には五〇〇個のジコの在庫が残されていた。メンバーは二週間に一回の頻度で施設に集まり、それぞれのペースで製品を製造し、個々の売上に応じて利益が分配される。製品は、一個当たり二〇〇～二五〇ケニアシリング（＝約二三〇～二九〇円）で地域住民に販売されている。住民からは、一本から二本の薪で料理ができると称賛の声が聞かれると話してくれた。

⑧ Balonji Women Group

所在地：Kakamega East District, Vihiga Location
代　表：Frita Ayuya
会員数：一五名

この団体は、二〇〇二年から活動を開始し、前述の Lusumu Pottery Women Group よりも先にジコの生産に取り組み始めた。応対してくれたのはメンバーのジャネットさんである。

ＩＣＩＰＥが炉（Kiln Stove）やトタンなどの材料を、ＵＮＤＰがモールディングマシーンを供与している。原料の粘土は、生簀を掘っている人や河岸に住んでいる人から購入し、会員が、驢馬を使って、農地や河岸から粘土を運んでくるという。粘土は一トン当たり一〇〇〇ケニアシリング（＝約一一七〇円）で購入する。製品は先の団体と同額で地域住民に販売しており、今までの生産実績は約一〇〇〇個で、そのうち二五〇個は地元住民に販売した。収益は会員とグループで三対七の比で分配するそうだ。課題は、マーケットが小さいこと、焼却の際に砕片が出ることなどを挙げていた。会員は週に二回集まっているという。ジャネットさんは、「お互いに意見を出し合い、共同で作業することは楽しい」と笑顔で言った。

ファイル２

手作りのサッカーボールで人づくり、国づくり

⑴ 底なしの体力と良好なチームワーク

二〇〇九年一一月にフラミンゴの生息地として世界的に有名なナクルにおいて、ＫＷＳの運動会が開催されました。その本大会の地区予選（選抜試験）として、国内の一一の保護区の一つ東部保護区（Eastern Conservation Area）の大会がメルー高校で開催され、私はサッカーの選抜試験に出場しました。

私は、四五分ハーフ九〇分の試合に出場しましたが、日頃の運動不足のため、前半三〇分に交代させられてしまいました。それにしても、彼らの体力のすごいこと！

例えば、今回の予選では、サッカーの他に中距離走の種目がありましたが、一五〇〇メートルでは二名の選手が、土のグランドで陸上用スパイクなしという悪条件にも関わらず、高校生の日本記録のペースで走っていたことには驚きました。ＫＷＳには、ツァ

ボ西国立公園に近いマニャニという町に準軍事訓練を行う施設があり、各国立公園に配属する前の新規採用職員や昇進する職員がここで数ヶ月から九ヵ月の訓練を受け心身を鍛えています。それでも、普段は日本で国立公園を管理する職員と同じように業務に取り組んでおり、スポーツ選手のように日頃から体を鍛え上げているわけではありません。

ところが、サッカーの試合中、彼らは底なしの体力で、チームワークも良く、声もよく出していたし、競り合いではとても粘り強く息をのむほどでした。私が落選したのは不思議なことではありませんでした。そして、試合が終わってから、なぜケニアのナショナルチームは国際試合で勝てないのかと、ふと不思議に思いました。

ケニアでは、サッカーは最も人気のあるスポーツの一つです。私の家の近所では、子どもたちがビニールと紐で作った手作りのボールを裸足で追いかけている姿をよく見かけます。それにしても、ナショナルチーム「ハランベスターズ」（Harambee Stars）や国内のクラブチームの試合は人気がありません。職場のレンジャーはサッカーの試合の話をよくしますが、そのほとんどは欧州のチャンピオンズリーグに関するものです。

私の任地には経済的に貧しい人々が多かったのですが、住民の男性が「おまえは、ヨーロッパのどこのチームを応援しているんだ？ 俺はマンチェスターのファンだ」などと話しかけてくることもあり、家にテレビを持っていない人でさえ、ヨーロッパのお気に入りのサッカーチームを持っていました。

ケニアのサッカーは、技術レベルが低いだけではなく、国民からも見放されているように感じることがありました。なぜケニアのクラブチームやハランベスターズは人気がないのか。サッカーの試合が終わった後、選手の一人にその理由を聞いてみると、ケニアに二つあるサッカー協会に問題があるといいます。興味を持った私は、サッカーに関する新聞記事をいくつか読んでみると、次のようなことが分かってきました。

(2) ケニアの未来に向かって伸びる一筋の光

ケニアには、Kenya Football Federation（ＫＦＦ）とFootball Kenya Limited（ＦＫＬ）の二つの組織がありました。一九六〇年に設立されたＫＦＦは、ハランベスターズの代表選手を編成し、チームの運営を担当しています。またケニアの一部リーグ

「Kenya Premier League」（ＫＰＬ、二〇〇三年一〇月設立）とそこに登録されている国内の一六のクラブチームはＫＦＦおよびＦＫＬに加盟しています。なお、ケニアにはＫＰＬの下に、二部リーグ「Nationwide League」があり、両リーグに所属するクラブチームは合計三二チームで、約八〇〇人の選手が登録されています。

また、この二リーグ以外に、ＫＦＦが運営するリーグがナイロビとモンバサにあります。ＦＫＬは、ＫＦＦのずさんな業務運営や組織的不正、汚職体質が、国内のサッカーの振興に与える悪影響を回避するため、国際サッカー連盟ＦＩＦＡが二〇〇八年一一月に設立した新しい組織で、事実上、ＫＰＬを運営・管理しています。しかし、本来ＦＫＬからの分配金、入場料およびスポンサー料から支払われるＫＰＬの所属チームのコーチの給料に関して、その負担の一部を政府に求めるなどずさんな経営体質が明るみになり、また近年の不況によりスポンサーが次々に撤退するなど、運営上の課題は山積しています。さらに、代表チームの国際試合の成績不振は、国内選手の育成に関して、リーグとしての工夫や努力を怠っているからであるという厳しい意見もあります。

このような批判を背景に、ＫＦＦは、ＦＫＬから国内リーグの利権の奪取を目論んでいるという声があります。国内に併存する二つの統括団体、ＫＦＦとＦＫＬの利権争いがマスコミに頻繁に取り上げられていましたが、それ以外にも「ＫＦＦ内部での権力争いに起因する頻繁な幹部の配置転換により、長期的な選手の育成が困難である」「代表選手の選考委員会において、委員が好みの選手を選ぶため、実力のある選手が選ばれない」「代表監督が怠慢で、試合の一週間前からチームに合流することもある」といったマスコミの報道が両協会に対する批判的な民意を形成していました。

さらに、各クラブチームも問題を抱えているようです。長引く不況の影響で、多くのチームでスポンサーが撤退し、厳しいチーム運営が続いており、ＫＰＬの所属チームの中でユースチームを持っているのは、Mathareスラムを拠点とするMathare UnitedとSofapaka FCの二チームのみで、サッカーの最高峰欧州リーグで活躍しているケニア人選手のほとんどはMathare Unitedのユースチームの出身です。このように、若手選手を育成するためのユースチームが少ないことは、多くのセカンダリースクールで部活動が停滞しており、年一回開催されるインターハイでも直前に選手を寄せ集めてチームを編成している現状を考えると、ケニアでの選手育成の体制の大きな欠陥であると言えるでしょう。

このように、ケニアのサッカーを振り返ってみると、恵まれた身体能力を十分に生かしきれないもどかしさを覚えてしまいます。しかし、一方で、グラウンドでサッカーを楽しむ子どもたちの姿から、ケニアの社会的問題の解決につながる可能性を感じることがあります。

ケニアで活動する隊員の取り組みに、「ハートにシュート!!」と名付けられたサッカーのイベントがあります。学校の生徒と一緒にサッカーを楽しみながら、スポーツを通してチームプレーの大切さなどについて気づき、学ぶことを目的としています。目に見える成果を期待することは難しいですが、子供たちにとっては試合中にさまざまな成長のチャンスがあり、このような活動にこそ、青年海外協力隊の醍醐味を味わうことができるでしょう。

味方の選手がボールを持ってドリブルすれば、周囲の選手は自分の位置を的確に知らせるために声を出すこと、味方の選手が好プレーを見せた場合、「ナイスプレー」「センキュー」といった声をかけて雰囲気を盛り上げること、相手選手が反則で倒された時は、謝ったり、手を差し伸べたりできるような寛容さを持つこと。このような態度は、たとえグラウンド以外の場であっても、美徳として評価されるべきものです。

ケニアのサッカー界を取り巻く問題の多くは、サッカーに限ったものではなく、ケニア社会全体に共通する課題です。私は時々、手作りのボールを蹴る彼らの姿に、ケニアの未来に向かって伸びる一筋の光を見るような気がします。ケニアのサッカー界の暗い現実とは別に、ケニアには日常的にサッカーを楽しむ多くの子どもたちがおり、彼らがサッカーを通して何か学びとり、ケニアの未来を良い方向に導いていくことを願っています。

出典「アフリック・アフリカ」ウエブサイトより

ファイル3

「ミラー」の愛好家から受けたカルチャーショック

(1) ほろ苦いワンダーランド

「チャイナ！」と言って近づいてきた男は、何気ない顔つきで右手に持った草の切れ端のようなものを食べている。左手には、その草の束を持ち、唇には、抹茶色のドロドロした液体がついている。一本ずつ草をとっては、表面を歯で削り取るようにして、生のまま食べている。自分の顔を必要以上に私の顔に近づけ、お前は空手ができるのか、オバマ氏を応援するのか（当時米大統領選挙の期間であり、ケニア人の父を持つオバマ氏が立候補していた）、といったような質問をまくし立てる男の口の中には、緑色の絵具のようになった残りかすが歯や歯茎に付着しているのが見えた。おまけに、時々唾が飛んできて私の顔や眼鏡にかかり、わざとらしく眼鏡を外してシャツで拭いても、その男性は私が不快に思っていることに気付いてくれず一方的に話し続けた…。

この少々癖のある男性のように、公衆の面前で人目もはばからずに草の切れ端を食べる多くの男性たち。これが、ナイロビから任地「メルー国立公園」に来て、しばらく生活する間に受けた、最初の大きな〝カルチャーショック〟であったかもしれない。この草の切れ端こそ、私の任地の名物「ミラー」である。

私の住んでいるムレラと、そこから車で一時間ほど移動したマウアという町の間に広がるニャンベネ丘陵は、ミラー（Miraa）という覚醒作用のある嗜好品の産地となっている。ミラーは、ケニアだけではなく、ソマリア、エチオピア、イエメン、南アフリカでも生産されている。

マウアの町の周辺では、いろんな場所でミラーを食べている人たちを見かける。道路脇で雑談しながらミラーを食べる男性たち、飲食店の中で、テーブルの上に食べ残したミラーの芯を山のように積んで、テレビを見ながら黙々と食べ続ける男性たち、「マタツ」と呼ばれる乗り合いタクシーの中から外の景色を眺めながらミラーを食べる乗客、職員室でミラーを食べながらテストの採点をする教員たち…。みな、当たり前のように食べ、周囲の人々が気に留めている様子は全く感じられない。生の若枝の樹皮を歯でそぎ取り、うつろな目をしながら口だけ動かしている彼らの特徴的な動作から、草を食む草食動物を勝手に連想していたのは私だけだと思う。

(2) ミラーの未来はいかに

ある日住民の一人に、ミラーの味について聞いてみると、少し苦味と渋みがあるという。同僚は、「ガムやソーダと一緒に食べたら何でもないよ」と言うが、そのような人はあまりいない。昔は苦すぎて飲めなかったビールに少しずつ慣れてきたように、続けていればいつか慣れていくものなのかもしれないと思う。

味はともかくとして、ミラー愛好家からはミラーの負の影響について聞いたことはない。また、経済的な問題でミラーが買えなくて一時的に中断する場合はあるが、タバコの禁煙活動のように、積極的にミラーをやめたという話も聞いたことがない。

健康面の負の影響はさておき、日常生活の中で、日本人（個人的）の感性から、ミラーが生み出す問題を二点ほど挙げることができる。

ひとつは、美観の問題である。飲食店のテーブルの上にミラーの切れ端を散らかしたまま、店を出て行く人がとても多い。店側も「ミラー禁止」「タバコ禁止」といった張り紙を表示するなど対応をとっているが、客の多くは全く気にせずに堂々と食べている。そのうち、住民の美意識が高まってきたら、「灰皿」ではなく「ミラー皿」が登場するかもしれない。

ふたつは、事故の原因となる可能性である。ミラーには、覚醒作用があるため、マタツの運転手が運転に集中するために愛用しているが、当然、食べながらの運転は、逆に集中力が途切れる原因にもなり大変危険である。

また、「スピード」と「危険」を売り物にした輸送車両も気になる。ミラーをナイロビやモンバサに輸送する際、約四日以内という消費期限を守るために、

ミラーの生産農家

輸送車は、時速一〇〇キロほどの猛スピードで、山中の曲がりくねった幹線道路を飛ばす。歩道のない幹線道路は、水汲みや薪集めをする女性たち、家畜を移動させる少年、登下校の子供たちなど多くの住民が毎日利用する場所でもある。

このように、ニャンベネ丘陵の最も重要な換金作物であり、問題点も多いミラーであるが、もともとはメルー族の伝統的な嗜好品であった。昔は、結婚の条件の一つとして、新郎が新婦の父親にミラーを献上した。また、夕方、年配の牛飼いの男性たちは、ミラーを噛みながら家畜を移動させるのが日課であったという。

時代が変わり、文化も変わる。ニャンベネ丘陵では、一九八〇年代から、それまでのコーヒーの栽培に代わり、換金作物としてのミラー栽培に力を入れ始めた。二〇一七年には、マウアから車で二時間ほどのイシオロに空港が建設され、流通ルートが様変わりした。一〇年経った今、もしケニアに行ったなら、地元のメルー族の住民は町中でミラーを噛みながら、「チャイナ！」と笑顔で声をかけてくれるのであろうか。

（注）ケニアでは、ミラーは合法です。しかし、日本の薬物取締関係の法律では、使

用・所持は禁止されています。刑罰の対象となりますので、くれぐれも使用しないでください。

出典「アフリック・アフリカ」ウエブサイトより

ファイル4

『ハイエナとヤギ』伝説の真実

(1) 笑い者にされているハイエナ

メルー国立公園の教育部では、小学校に環境教育の巡回指導を行っている。その巡回指導の目玉、野生生物の生態を取り上げたビデオ上映会は大変好評で、目を見開き、教室の前方にある小さなテレビの画面を凝視している子どもたちは、時々肩を抱き合って、白い歯を見せながら歓声を上げている。当時のケニアでは、テレビの所有世帯は三五〇万世帯（七・七％）に過ぎず、映像の力は計り知れなかった。

特にハイエナが登場するシーンでは、子どもたちはみな大声で笑うので、少し不思議な感じがする。バッファローのお尻に噛みついたハイエナが引きずられる場面や「ウォーン、ウォーン」と遠吠えをするハイエナの映像、足の速いガゼルを追いかけるがなかなか追いつかない場面などでは、教室は笑いの渦に包まれる。

私はすぐに、以前、同じ協力隊の知人から、ケニアの動物園で子どもたちがハイエナを見て大笑いしていたよ、と聞いたことを思い出した。確かに、ハイエナの風貌は洗練されているとは言い難く、その外見から笑い者にされているのではないかと思っていた。

ところで、公園内の河畔林の横にある私の家では、毎晩ハイエナの気の抜けたような遠吠えが聞こえてくる。ムティンダは、夕食時、ケニアのことをまだ何も知らない私に、いろんな話を聞かせてくれた。メルー国立公園内のロッジで働いていた頃、ライオンのハンティングを見た自慢話や、ソマリアから来た山賊が頻繁に村を襲っていた小学生時代、林の中で寝ていた時に同級生の女の子がライオンに食べられてしまった悲しい話など印象深い話も多かった。夜になるとなぜか底なしのように深く感じられるケニアの森とそこから聞こえる風にそよぐ梢の音、虫の音、獣の唸り声などが創り出す雰囲気がとても心地よかった。

ある日の晩、彼はハイエナとヤギの童話を聞かせてくれた。

ヤギの母親と子どもたちは、干ばつのために、食べ物が食べられない日が続いたため、食べ物を求めて旅に出ていた。ある日、ある家を訪れ、家の中から現れたハイエナに事情を説明すると、ハイエナは「どうぞ。この家にはトウモロコシがたくさんあるから御馳走してあげるよ」と言って部屋の隅に置いてあるトウモロコシを見せた。ハイエナは、ヤギの家族に、ウガリを作ってほしいと頼んだが、子どもたちをとても嬉しそうな顔をして眺めているハイエナの姿を見て怪しく思っていた母親は、とうとう、ハイエナが子どもたちを食べようとしていることに気がついた。

母親は、子どもたちを集めて作戦会議を開き、一昨日は鳥を食べた、昨日は牛を食べた、今日はハイエナを食べるぞ、といった内容の歌を歌うことに決めた。ヤギの家族が、その歌を歌って、ジャンプしながらウガリを作っていると、怖気づいたハイエナはとうとう逃げ出してしまった…。

(2) 土地に浸みこんでいる教訓を学ぶ

この話を聞いた時、子どもたちの笑いの理由が見えてきたような気がした。その後、何人かのケニア人に聞いてみると、ハイエナとワシ（鳥）が登場し、食い意地のあるハイエナをテーマにした物語や、肉の匂いがすると、慌てふためいたハイエナが骨折したといった内容の諺まであるということが分かった。中には、分かれ道まで歩いてきたハイエナは、両方の道から肉の匂いが漂ってきたので、そのまま両方の肉を得ようとして進み続け、股が裂けてしまった、という少々残酷な諺まであるという。

ケニアではハイエナが貪欲で臆病な動物として昔話や諺で伝承されてきたので、ケニア人にとってのイメージもそのような笑いの対象として固定されているのではないかと私は、思っている。ただ、厳密には、簡単に結論できるものではない。

海外経験の乏しい私にとって、このハイエナの一件がひとつの教訓になったと思う。日本人の感覚で何かおかしいと思うことがあったら、その背景に意外な要因があるかもしれないということ。たとえば、ケニアでは欠伸をした際に、おなかが減っているのと聞かれることが多いが、このような些細なことにも何か理由があるに違いない。

この物語を聞いてから、夜の遠吠えを聞くと、ケニア人に笑い者にされている哀れなハイエナを思い、一人で笑ってしまうことがあった。私のハイエナに対するイメージも変化してきたのかもしれない。

子どもたちのビデオ鑑賞では、ハイエナの登場シーンは一段と盛り上がる。

ムティンダはいろんな話を聞かせてくれた。

ファイル5

異文化の時間感覚から考える

(1) まず、ケニア時間を知る

青年海外協力隊の隊員としてメルー国立公園で活動を始めてから、あちこちを動き回っているような気がしていた。隊員総会、幹事会、分科会などに出席するためナイロビに上京することも多いし、旅行や出張で地方都市に行くこともある。特に、せっかくケニアに来ているのだからということで、隊員の任地を巡ったり、メルーとは異なる民族構成や気候を有する地域に出かけていくことも多い。また、公園に隣接する地域に巡回指導に行ったり、公園内では、私が所属する教育部のオフィスから一五キロメートルほど離れた本部に会議などで移動したり、さらに近距離では、毎日一〇時のティータイム（チャイタイムと呼ばれる）の時間になると、同僚と一緒に一〇分ほどかけて別のオフィスまで歩いて行き、そこでゆっくりと三〇分ほど歓談して時間を過ごした。そうしているうちに、自分自身の〝日本的な〟時間感覚が周りの人たちと違うことに気がついた。

ケニアで生活していると、日本にいた時よりも、時間がゆっくり流れているような気がしてきた。実際に、旅行やちょっとした移動の際、目的地に到着するまでに予想以上に時間がかかってしまうことが多い。しかも、どこでどのようにどれだけの時間を費やすことになるか正確に予測できないので、日本のように分刻みの予定を組むことは難しい。ケニアに来る直前まで、普通の日本人がするように、時間を厳守し、一方で時間に束縛されながら、職場で業務に取り組んでいたから、着任してからしばらくの間は、その時間感覚が通用しないことにストレスを感じることも多かった。当然、時間感覚は国により、民族により、異なることが考えられ、それらに優劣を付けるべきものではない、と頭では理解していたのだが。

公園内には、オフィス、自動車整備場、売店、職員住宅などが点在し、公用車の数も少ないため、職員は徒歩でそれらの間を移動することが多い。彼らの多くは、他の職員とすれ違う際、握手をして挨拶を交わしてから、しばらくの間雑談に入ってしまう。確かに、挨拶言葉を交わすだけではなく、簡単な日常会話を楽しむ余裕を持つことは健全な職場づくりのためにも大切なことだと思う。ただ、すごろくで何回サイコロを振っても「休む」ばかりが連続して出た時のように、少しの距離しか離れていない目的地になかなか到着できなくてもどかしさを感じることもある。ちなみに、ケニアでは、握手が挨拶の基本であり、目上の人に対しては、自分の左手を、右腕に軽く添えて丁寧に行い、その他は右手だけで行うか、手をグーの形に握りしめて、拳同士を押しつける簡易なあいさつを行うこともある。

(2) 移動手段で暮しのリズムが決まる

徒歩で移動する場合の距離の感覚も私とは違うと思った。出張の際などに、目的地に向けて、

チャイタイムは職員にとって重要な休憩時間。

地元の方と一緒に歩くこともあるが、住民が「そこはそんなに離れていないよ」「すぐだから歩いていこう」などと言っても、それを素直に信じると大変な思いをすることがある。実際に、言われたとおりに歩きだしてみると、カラッカラに乾燥した炎天下の中を一時間以上も歩いてヘトヘトになることが結構あった。事前に確認しようにも、正確な地図があるわけもなく、彼らに具体的な距離や所要時間を聞いても正確な答えが返ってくることもまずなく、初めて訪問する場所であれば打つ手がない。基本的に、移動に要するコストを払うくらいなら、目的地までの距離が多少長くても、数時間の時間と労力を費やすことを厭わないし、そのバランスが私と全く異なるのである。

時間を「必要以上」に費やすのは、歩行の場合だけではなく、車を利用する際も同様である。

公園から最寄の町までは公共交通機関が利用できないため、公園のゲート前のアカシアの木陰で、公園が所有する公用車が通りかかるのを待って、それに便乗することが多い。何人もの職員とその家族が丸太を倒しただけの簡易なベンチに腰掛けて、町に向かう公用車が到着するのを待っている。ここでの奥様方や子どもたちとのコミュニケーションは楽しいが、さすがに一時間も待っていると手持無沙汰で、何かしなければといった強迫観念のようなものがわき出てきて、持っている文庫本を取り出したくなる衝動に駆られる。しかし、そこで、周囲の人たちと同様に、おしゃべりを楽しみ、ハタオリドリが次々と枝を加えて、アカシアの木に垂れ下がる巣に持ち帰る姿を眺めていると、現地の人々と一緒に、彼らの感覚で同じ時間を過ごしているという、何とも言えない満足感で満たされることがある。

出典「アフリック・アフリカ」ウェブサイトより

(3)「マタツ」のロスタイムで鍛えられる忍耐力

マタツは一六人乗りワゴン車の形状をしている。運転席から最後部座席まで最高五席まであり、座席数が少ない列は三席である。座席数は、運転席のある一列目から最終列まで三席ずつの座席が並んでいるが、出入口に近い三列目以降は左よりに通路があるため、右側の二席は間隔が狭くなっている。

ケニアに来た当初、マタツの中で意外なことに驚いた。それは、座席の横幅より狭いこの通路が、席としても利用されることである。といっても、補助座席があるわけではない。どのように座るのかと言うと、不適切な表現かもしれないが、通路をはさんで両側の座席の端に、腰掛ける状態をイメージしていただくとよいかもしれない。また、このことが理由で、乗客が乗り入れする際に、通路を席に利用している乗客も移動する必要があり、案の定、予想外の時間がかかってしまうことも多い。

私は、一列目は事故の場合のリスクを減らすため避けることにしている。また、二列目は同様の理由に加え、側面に取り付けられた直径一〇センチメートルほどの小型のスピーカーから耳が痛くなるような大音量の割れた音が聞こえるため避けるようにしている。このような基準で、自分の気に入った席を選び、着席してから出発まで結構時間がかかることが多く、場合によっては二時間近く待つこともある。その理由は、座席数をはるかに上回る数の乗客を詰め込むためで、時には、コンダクターが二人掛けの席に三、四人を強引に座らせる。混雑した車内では、乗客の体が密着し、他人の肘が顔に当たるなど、痛い思いをすることもある。私にとってはあまり快適な環境とは言えないが、冷静に周囲を見回すと、乗客たちは涼しい顔をして平然と座っている。

出発してからも、なかなか順調には進まない。たいていのマタツは、出発を長時間忍耐強く待った乗客を挑発するかのように、まずガソリンスタンドに行き給油する。その後、車内にスペースができれば、次々に新たな客を拾っていく。バスと異なり、基本的に停留所はなく、各自が思い思いの場所で乗り降りし、その度に車は停車する。その間隔が短く、連続すると、当然車は効率的に移動しない。また、タイミングが悪く、途中で多くの客が降りて、空席が目立つ場合は、途中の比較的大きな町で長時間停車して客集めを行う。運転手も車掌も、いかに効率的に収益を得るかといったことばかりを考え、どのようにして乗客の満足度を高めるか、またどのように他社との差別化を図るかといったことはあまり考えていないように思える。

マタツは、決められた区間で客を乗り降りさせながら走るタイプと、原則として途中で客の乗降がないとされるノンストップの直行便のマタツの二種類がある。当初、直行便のマタツは、遅延なく順調に移動するものと私は期待していたが、その予想はすぐに裏切られた。

直行便の表示があり、乗車前にそのことを車掌に確認した場合でも、実際に走り出すと次々に客を拾う場合や、経由地で乗客を別のマタツに乗り換えさせ、そこで再び客が集まるのを待たないといけない場合がある。このような時、赴任当初は「なぜ、最初にすべて説明してくれないの？」と叫びたくなることが多かった。

その後も〝被害〟にあうたびに、だまされて損をした気分になり、落ち込んでしまっていたが、そのうちいくつかのパターンを想定できるようになり、心の準備ができるようになってきた。

(4) 長距離移動で異文化コミュニケーション

このように移動中のロスが多い半面、走行速度は必ずしも遅くはない。エンジンの劣化などが理由で、上り坂ではスピードが出ない場合が多いが、下りや平坦な道では、運転手はかなりのスピードを出す。しかも、少々危険な運転で、日本の教習所でやってはいけないと教えられることを連発する。

前の車を追い抜くために、バンプの直前で対向車線に出て急停車、急発進してそのまま追い抜いていったり、カーブミラーのないケニアの山道を走行している際、見通しの悪いカーブで対向車線に飛び出て猛スピードで追い抜いたりする。この高速走行の理由は、これまでのロスを償って、乗客に満足してもらうためとは考えにくい。むしろ、運転手からは、文句があるなら降りていいよ、とでも言わんばかりの雰囲気を感じる。

しかし、いくらスピードを出して走ったところで、先に挙げた理由や、運賃のことで客と車掌が長時間口論するための停車、途中で屋根に荷物を載せるために、荷物を紐で固定する作業などの些細な出来事や作業に費やす時間、中継地点での非効率な乗継があるため、最終的な所要時間の短縮には結びつかない。最後の効率的な乗り継ぎは全く運次第といってもよく、長距離移動の際に短時間の待ち時間で乗り継ぎが成功するような稀な出来事が起こると、それだけでその日の満足度がグッと高まる。ちなみに、ナイロビからメルー国立公園までは直線距離で三六〇キロメートル、三回の乗り換えがあり、所要時間は乗り継ぎのタイミングにより、六時間から八時間もの時間差がある。私は、上京するたびに、疲労感と不思議な達成感を感じたものだった。

長距離バスについては、最近になって、冷房付きの車両や添乗員が同行するサービスなどが出てきて、各社の競争が激しくなってきたが、マタツを取り巻く状況は、極端な売り手市場で、他社間の競争原理も働かないため早期の改善は難しい。

ケニア人は時間に無頓着でゆとりがあり、日本人は時間に厳しくせわしない、と安易に納得しても、日本ではこのようではなかったといくら不満を漏らしても、精神的な負担が解消されるわけはなく、逆に現地の人たちから理解し難い〝おかしな人〟として誤解されるのがおちであろう。

ところで、適応とは不思議なものである。変化のない毎日であっても、何回も経験し、そのことについて考え、時には悩み、苦しむ中で、無意識のうちに受け入れられるようになっていく。私は、赴任してから一年数か月が経過する間に、この「特異」な時間感覚を否定することを諦め、逆に受け入れ、ケニアの人々と調和してきたような気がする。

日本以外の国で二年間を過ごす中での直接体験だからこそ、人間関係に限らず、生活の中でいくつもの摩擦を経験することができた。旅の途中や日常生活で体感し若干変化したであろう時間の感覚もそのうちの一つであり、これは一過性のものではなく、日々の生活の過ごし方や人生の豊かさまで影響を及ぼすかもしれない。また、「逆カルチャーショック」という奇妙な名前で呼ばれるように、帰国後の社会で違和感を覚える原因になるのだろうか。いずれにしても、ポストコロナの時代にはこのような直接体験の価値はますます高くなるに違いない。

出典「アフリック・アフリカ」ウエブサイトより

ファイル6

一人のOB隊員が伝える価値観の種

(1) 日本の伝統的「土のう」技術を普及する

日本の土木技術のなかでも、道に関する技術の蓄積は大きいものがあります。私自身、林業普及指導の業務で森林作業道について普及啓発することがあり、急傾斜地の多い日本の森林での道づくりの高度な技術や技能を日々学んでいます。

実は、ケニアでは、日本発の技術「土のう」による道直しに対する草の根レベルの技術移転が展開されており、人々の自助努力による「土のう」を使った道路補修が、現実の形となって見え始めています。そして、この技術の導入においては、私がケニア滞在時にお世話になった環境教育隊員の一人が活躍しています。

深田真理子さんは、二一年度一次隊として、ＫＷＳのモンバサ海洋国立公園・保護区に派遣されました。職種は、観光業でしたが、同じＫＷＳ配属の隊員として、ケニアでは良き相談相手になってもらっていました。

実は、彼女がケニアで「土のう」技術の普及に関わっていることは、帰国後世界の僻地に滞在する日本人を取り上げた有名なテレビ番組で知りました。ケニアの協力隊ＯＢの中には、任期満了により帰国してから、再度、ケニアで地域活性化の取り組みに関わる協力隊ＯＢが少なくありません。ただ、私が彼女の活動で衝撃を受けた最も大きな理由は、彼女が日本の林業技術の一つでもある、「土のう」の普及に携わっていることです。

拙著『森林再生に向けた次世代林業技術』（日本造林協会）の執筆の際、日本では先達の技術者・研究者が未知数ともいえる技術を生み出してきたことを知った私にとって、彼女の取り組みは日本の伝統技術を世界に普及する温故知新の格好の例に思えました。

彼女は、ＮＰＯ法人道普請人のメンバーとして、二〇〇五年にパプアニューギニアで同様の取り組みを開始しました。ケニアでは、二〇一六年五月に道普請人ケニア（英語名ＣＯＲＥ：Community Road Empowerment）に所属し、二〇一七年三月までルオ族の住むカプチョルワという町で活動を進めておられました。

ＣＯＲＥ（道普請人ケニア）は、二〇〇九年一月以来、トヨタ財団、日本国外務省、国連機関のＩＬＯ（国際労働機関）等から助成を受け、「土のう」による農村道路の補修トレーニングを実施しています。日本発の技術「土のう」による道路補修トレーニングは、二〇一一年一〇月に農村道路補修を管轄するケニアの国家機関である農村道路公社（Kenya Rural Road Authority）の公式パートナーとなり、二〇一二年一二月には「土のう」工法が、ケニア道路省の公式道路補修工法として採択されるなど、ケニア社会に確実に影響を及ぼしてきました。

さらに、モザンビーク政府から、道普請人が開発したトレーニングマニュアル「Road Maintenance using Do-nou Technology」を、道路補修請負業者のトレーニングテキストとして利用するため、ポルトガル語への翻訳の要請をされるなど、アフリカでの「土のう」による道直しは、さらなる広がりを見せています。

参考文献
http://www.ke.emb-japan.go.jp/TICAD-Experience/CORE.html

エピローグ

ポストコロナの海外ボランティア

「ウォッ、ウォ～」と遠くからとても低いうなり声が聞こえてきます。

私と友人のムティンダは、家の玄関に置かれた椅子に腰かけ、前方に広がる深い森を見ながらくつろいでいます。夜空には、無数の星と、はっきりと判別できる天の川が見えます。ムティンダにこれは何の鳴き声かと聞くと、「あれはライオンの鳴き声だよ」と教えてくれました。何キロも離れた場所で鳴いていると彼は言いますが、私には、心臓に響くような確かな音の感覚から、ライオンがすぐ近くまで来ているような気がします。

ケニアの乾燥地では森は珍しいです。前方に森が広がる理由は、そこに川が流れているからです。その日は、風が幾分強く、葉のそよぐ音がカサカサと鳴り続け、雨期であるため虫の音も鳴りやみませんでした。ふと、前方の森の中から、私たちを見つめる獣がいるのではないか、と不安がよぎります。もしそうならば、猛獣の足音は、葉のそよぐ音や虫の鳴き声といった自然の音にかき消され、私たちが気づかないうちに襲い掛かることは容易に違いありません。時々、森の奥から呻き声のような鳴き声が聞こえてきます。ムティンダは、それはヒッポー（カバ）の鳴き声であるといいます。その可能性もあるのでしょうが、動物を見ながらその鳴き声を確認したことがない私には、ヒッポーかライオンなのか確信が持てません。恐怖を感じる私とは対照的に、ムティンダは、穏やかな表情で、私のスワヒリ語辞書を珍しそうに読んでいます。

ケニアのメルー国立公園に滞在している間、一日の活動を終えた後、こんな風にムティンダと一緒にひと時を過ごし、いろんな話をしました。特に、その日の活動がどれほど満足にいくものであったか、二人で話をしながら確認しました。

私は、二〇一〇年六月一六日にメルー国立公園を去りました。多くの問題を抱えているであろうケニア社会を〝治す〟手助けをしたいと意気込んで着任した私でしたが、実際に海外ボランティアとして現地で活動する中でさまざまな発見や気づきがありました。そのことはここまで読んでいただいたみなさまにはご理解いただけたのではないでしょうか。やはり、実際に現地に足を運び、滞在したからこそ理解できることはとても多いのです。

二〇二〇年に入り、新型コロナウイルスが全世界で流行し、七六カ国で活動していた二〇四四人全員が、同年四月末までに帰国しました。その後、感染が収まったベトナムで活動が再開され、タイ、カンボジアなどで再開が検討されています。そのようななか、ポストコロナの時代に海外ボランティアの活動はどのように進めていけばよいのでしょうか。改めてケニアでの海外ボランティアの体験を振り返ってみると、次の二点に集約されると思います。

まず、自分自身のやりたいこと、強みを理解することでしょう。私の場合、国立公園周辺地域の学校や集落での普及啓発活動やケニアと日本の間での子どもたちの交流に関わりたいと考えていました。自然環境保全の分野では、利害関係の調整や地域社会と行政の協働、地球規模の視点などが大切です。日本では地方自治体で森林保全の業務に従事し、休日には自然体験活動のボランティア活動や環境教育にも参加してきました。少なくとも、私の頭の中には、日本での自然環境保全の取り組みを通し培った自分なりの「軸」があったと思います。

次に、自分の活躍の場を自らで創り出すことです。この考え方は、前述したように、青年海外協力隊に参加するために必要なものでしたが、任地での活動でも生かされました。任地では、もちろん日本人は私一人でしたし、私以外は、いわゆる「ケニア人」でした。また、これまでに書いてきたように準軍事組織であること、上司や同僚の異動があったことなどいくつもの活動を阻害する問題がありました。当然、私が考えていたような活動を行うための環境は誰も整えてはくれません。自分自身で自らの活躍の舞台をセッティングし、キャラクターや強みを生かして活動していかなければ、せっかくの存在意義が発揮できないことになります。振り返ってみれば、本書でご紹介した「環境教育モデル校」「エコミュージアム」といった取り組みは、私流の答えだったと思います。

このように、コロナ禍であっても、自分の強みを理解したり、「軸」を強化したりする時間を大切にするべきであると思います。そして今こそ、必ず来るポストコロナの時代に、国際協力の舞台で、自分の活躍の場を自らで創り出すための努力をする時でもあります。例えば、高校生、大学生の方なら、英語やその他の外国語の勉強を頑張ってみることから始めても良いかもしれませんね。

ところで、協力隊の活動を進める上で大切なことの一つとして、「信頼できるチームメートを見つけること」を挙げました。ルーシーやムティンダ、ジョセフなど、チームメートを紹介しましたが、活動の中ではそれ以外にも多くの人々と直接交流しました。そのような交流の中で私は、日本の歴史や文化、経済など、あるいは「土のう」「植林」などに関する技術を理解しておくことの重要性を痛感しました。日々の会話の中で、日本のことを質問されることが多かったので、これらのことを知っていると会話がはずみます。また、日本のことを理解してこそ、日本人として任国の問題を解釈することができます。勉強不足の私は苦労しましたが、みなさんには授業などを通してしっかりと習得されることをお勧めします。

ポストコロナの社会では、海外ボランティアの体験の価値はますます高くなると思います。ここで書いたこと以外にも、海外ボランティアで必要な資質や能力があると思います。そこは、ここまで本書を読んでいただいたみなさんがそれぞれの状況や立場を踏まえながら考えていただければと思います。そして、コロナ禍の今こそ、挑戦に向けた準備の時間と捉えて、できることから始めていきたいものです。

あとがき

夢のようなケニアでの海外ボランティアの活動を終え、帰国してから一〇年が経過した今、その時には想像もしなかった危機のさなかにいます。二〇二〇年に入り、新型コロナウイルスが全世界で流行し、青年海外協力隊の隊員は全員、同年四月末までに帰国しました。ポストコロナの社会に向けて、ライフスタイル、働き方などの変化が求められている今、次の時代の海外ボランティアのあり方についても考えておく必要があります。

二〇一七年春には息子が誕生しました。よく訪れる近所の里山で小さな動物を見つけた時の息子の表情からは、とても強い好奇心を感じます。また、ケニアで撮影した写真のアルバムを持ってきた息子にケニアの話をすると、いつも楽しそうに聞いてくれます。コロナ禍の今、日々成長していく息子の姿を見ていると、海外ボランティアを未来に残したいと強く思います。

私にできることは、海外ボランティアの経験を多くの方々、特に若者たちに伝える

送別会でハダカデバネズミの壁掛けを手にする筆者。

ことです。帰国後、滋賀県の小学校の児童や企業の方々に向けた講演の機会を何回もいただきました。ただ、いつも、二年間の多くの体験を語るには時間が少なく、ケニアで歩んだ特別な日々を伝えきれずにもどかしさを抱いていました。そのため、書籍として体験を整理し、多くの方々に実際の活動の楽しさや苦労などを知っていただこうと考えました。そうすれば、コロナ禍の後、ポストコロナの時代に入ってからでも読んでいただくことができます。この本を通して、海外ボランティアに興味を持っていただいたり、ポストコロナの海外ボランティアのあり方について考えていただいたりするきっかけになれば幸いです。

末筆ながら、ケニアの自然を守るために一緒に活動してくれた友人たち、同じ時間を過ごした青年海外協力隊員のみなさん、そして、執筆や研究に没頭する私を見守ってくれている家族に感謝します。最後に本書の出版に協力していただいた協力隊を育てる会の奥永眞智子氏、子どもの未来社の奥川隆氏、スタッフのみなさまには厚くお礼申し上げます。

中川　宏治

令和三年三月

主要参考文献

序章

永杉喜輔（一九八六）「いま『エミール』が生きる — 社会と教育」国土社
田中裕一（一九九三）「社会認識と環境教育」大田尭編『学校と環境教育』東海大学出版会，242pp.

第一章

Angus Maddison website, http://www.ggdc.net/maddison/,
Norton-Griffiths, M., 1995," Economic incentives to develop the rangelands of the Serengeti: implications for wildlife management. In: Serengeti II:
United Kingdom of Great Britain and Ireland, 1900, Convention for the Preservation of Wild animals, Birds, and Fish in Africa, Sighed at London, House of Commons Parliamentary Papers, 56: 825-837
Bragdon, S.H, 1990, "Kenya's Legal and Institutional Structure for Environmental Protection and Natural Resource Management: An Analysis and Agenda for the Future" , Economic Development Institute of the World Bank, Robert S. McNamara Fellowship Program, World Bank, Washington.

Biddle, B.J, 1979, Role theory expectation sidentities and behaviors. New York: Academic Press.

Bragdon, S.H, 1990, "Kenya's Legal and In stitutional Structure for Environmental Protection and Natural Resource Management: An Analysis and Agenda for the Future", Economic Development Institute of the World Bank, Robert S. McNamara Fellowship Program, World Bank, Washington.

Christopher Taylora, 1998, Environmental Education in Primary Education: status and trends in southern and eastern Africa, Environmental Education Research, 4(8):201-215

Hill, P.S, 2002 "Organizational respon ses to a changing aid environment: the German Agency for Technical Cooperation (GTZ)", The International journal of health planning and management, 17(3)：213-227.

Ibrahim Ali, 2002, Kenyan Children's Ide as about Parks and Wildlife, Environmental Education Research, 8(4): 439-462

Julie S. Johnson-Pynna & Laura R. Johnso nb, 2005, Successes and Challenges in East African Conservation Education, The Journal of Environmental Education, 36(2):25-39

小堀洋美（二〇〇九）保全生物学に立脚した保全教育の立場から，環境教育，19(1)77－78

Kunzel, W., 2001, ドイツ技術協力公社（ＧＴＺ）におけるＰＣＭの最近の動向――新しい呼び名，新しいアプローチ，国際協力研究，17(1)，31－38

KWS, 2007, Meru Conservation Area Manage ment Plan, 2007-2017 ,KENYA WILDLIFE SERVICE, County

Council of Isiolo, County Council of Mwingi

Mallory McDuff, 2000, Thirty Years of En vironmental Education in Africa: The role of the Wildlife Clubs of Kenya, Environmental Education Research, 6(4):383-396

Mackenzie, J.M., 1988, “The Empire of Natu re: Hunting, Conservation, and British Imperialism”, Manchester, New York, Manchester University Press

中尾武彦（二〇〇五）我が国のＯＤＡと国際的な援助潮流（前編）―特に国際金融の視点から―

中川宏治（二〇一三）ケニアにおける野生生物保全のための教育の現状と課題，地球環境，18(2)：177－188

中川宏治（二〇一五）「青年海外協力隊による環境教育活動のあり方に関する一考察―ケニア・メルー国立公園における保全教育を事例に―『環境教育』24(3)：60－73

Neumann, R. P. (1998). Imposing wilderne ss: struggles over livelihood and nature preservation in Africa (Vol. 4). University of California Pr.

新田和弘（二〇〇八）ケニアの野生生物保全教育―持続的な社会の発展に向けて―，ANIMATE, 7，1－4

佐藤 真久・坂本 明子・村松 隆・斎藤 千映美・島野 智之・渡邊 孝男（二〇一〇）青年海外協力隊による環境教育活動の実施動向とアジア地域における阻害・貢献要因の抽出　環境教育分野のＪＯＣＶ活動報告書の文章分析を通して，環境教育，19(3)：15－28

Takahashi, S., & Horiuchi, S., 2008, Developing a Management Method for Income Generation Activities-A

Cost-Accounting Workshop for Sausage Production Conducted by Japan Overseas Cooperation Volunteers in the Philippines. TECHNOLOGY AND DEVELOPMENT-TOKYO-ENGLISH EDITION-, 21, 58.
徳山道子（一九九七）青年海外協力ＪＯＣＶの配属先への適応に関する研究，経営行動科学，11(1)：13－22
United Kingdom of Great Britain and Irelan d, 1900, Convention for the Preservation of Wild animals, Birds, and Fish in Africa, Sighed at London, House of Commons Parliamentary Papers, 56: 825-837
West, P. C., & Brechin, S. R. (1991). Re sident peoples and national parks: social dilemmas and strategies in international conservation. University of Arizona Press.
安田章人（二〇〇八）自然保護政策におけるスポーツハンティングの意義と住民生活への影響：カメルーン共和国・ベヌエ-国立公園地域を事例に，アフリカ研究 73：1－15
吉田和浩，2010，教育政策・教育計画を現場の質的改善につなげるために－ＦＴＩプロセスからの示唆，広島大学教育開発国際協力研究センター『国際教育協力論集』13(1)：07－117

第三章

中川宏治（二〇一六）「国際協力活動の一環としてのエコミュージアム導入の取り組み―メルー国立公園における青年海外協力隊の活動を事例に―」『エコミュージアム研究』20，51－57
中川宏治（二〇一六）「日本とケニアの小学校の間で実現したテレビ会議による国際交流の取り組み―『ＭＯＴＡＩＮＡＩ』の心を育む滋賀県とケニアの子ども達のプロジェクトを通して―」『共生科学』7，68－73

岡ノ谷一夫・小林耕太・尾崎良子・大竹正之（二〇〇一）：真社会性齧歯目ハダカデバネズミの署名声（日本動物心理学会第61回大会発表要旨），動物心理学研究，51(2)，65
滋賀県文化振興事業団（二〇〇七）：湖国と文化，No115
永杉喜輔（一九八五）「いま『エミール』が生きる―社会と教育」国土社，174pp.

著者略歴

中川　宏治（なかがわ　こうじ）

1977年大阪府生まれ。京都大学卒。環境科学博士。滋賀県入庁後、森林・林業政策を担当し、2018年度から琵琶湖環境科学研究センターで次世代の森林育成に関する研究業務に携わる。著書に『森林再生に向けた次世代林業技術』（日本造林協会）がある。

野生生物との共生を目指して

ケニアの陽光　ポストコロナの海外ボランティア

2021年5月19日　第1刷印刷
2021年5月19日　第1刷発行
著　者　中川 宏治
発行者　奥川 隆
発行所　**子どもの未来社**
〒101-0052 東京都千代田区神田小川町 3-28-7-602
TEL 03-3830-0027　FAX 03-3830-0028
E-mail：co-mirai@f8.dion.ne.jp　http://comirai.shop12.makeshop.jp/
振　替　00150-1-553485
印刷・製本　モリモト印刷株式会社

ISBN978-4-86412-195-8　C0036　NDC361